Luis Palau

¿Con quién me casaré?

¡Una decisión para toda la vida!

Unilit

Sepa

Publicado por
Editorial Unilit
Miami, FL 33172

Primera edición 1987
Nueva edición 2011

Ediciones corregidas y aumentadas 1986, 1987
(Las primeras ediciones las publicó Editorial Caribe)

Edición: Nancy Pineda
Diseño/diagramación de la portada e interior: Ximena Urra
Fotografías e ilustraciones de la portada: © 2011 Yuri Arcus, Ioriklaszlo,
williammpark. Usadas con permiso de Shutterstock.com.
Fotografía del autor: Luis Palau Evangelistic Association

A menos que se indique lo contrario, las citas bíblicas señaladas con LBD se
tomaron de la Santa Biblia, *La Biblia al Día*. © 1979 por la Sociedad Bíblica
Internacional.
El texto bíblico indicado con «NTV» ha sido tomado de la *Santa Biblia*, Nueva
Traducción Viviente, © Tyndale House Foundation 2008, 2009, 2010.
Usado con permiso de Tyndale House Publishers, Inc., 351 Executive Dr.,
Carol Stream, IL 60188, Estados Unidos de América. Todos los derechos
reservados.
El texto bíblico señalado con RV-60 ha sido tomado de la Versión Reina-
Valera © 1960 Sociedades Bíblicas en América Latina;
© renovado 1988 Sociedades Bíblicas Unidas. Utilizado con permiso.
Reina-Valera 1960® es una marca registrada de la American Bible Society,
y puede ser usada solamente bajo licencia.
Las citas bíblicas señaladas con NVI se tomaron de la Santa Biblia, *Nueva
Versión Internacional*. © 1999 por la Sociedad Bíblica Internacional.
Usadas con permiso.

Producto 496905
ISBN 0-7899-1853-6
ISBN 978-0-7899-1853-6

Impreso en Colombia
Printed in Colombia

Categoría: Vida cristiana /Relaciones /Amor y matrimonio
Category: Christian Living /Relationships /Love & Marriage

dedicatoria

Dedico este libro juvenil a mi querida
esposa Patricia. Juntos estamos gozando
de la vida, sirviendo al Señor Jesús.
Todo lo que somos y todo lo que tenemos
se lo debemos al Señor Jesucristo.

¿con quién me casaré?

contenido

¿con quién me casaré?

La gran pregunta

Durante nuestras cruzadas evangelísticas, siempre nos causa sorpresa el hecho de descubrir tantos jóvenes confundidos en cuanto al matrimonio. Muchos han destruido sus vidas de tal manera que ya queda poca esperanza de recuperar toda la felicidad que soñaron en la adolescencia.

Es tristísimo ver cientos de hombres y mujeres jóvenes que nos escriben cartas y nos vienen a pedir consejo. Un gran número es de cristianos y, sin embargo, su vida familiar es un desastre. Son muchos los adolescentes que vienen agobiados porque se casaron y a los pocos años ya están divorciados y tienen arruinadas sus vidas.

Recuerdo que durante una de nuestras cruzadas en Centroamérica hablé con una chica de diecinueve años y le pregunté:

«¿Eres casada?»

«Vivo con un hombre», respondió, «pero no es mi marido».

También he hablado con cientos de jóvenes en las mismas circunstancias. Es evidente que en muchas de las iglesias cristianas de nuestro mundo occidental no se está impartiendo enseñanza sobre el matrimonio como lo enseña la Biblia.

Y tú, lector, si eres casado, un día tendrás que aconsejar a otros; si eres soltero, debes asegurarte de tomar la decisión adecuada. En ambos casos, necesitas saber lo que la Palabra de Dios dice al respecto.

LAS DOS GRANDES DECISIONES

Lo primero que quiero enfatizar es que hay dos decisiones trascendentales en la vida: recibir a Jesucristo como Salvador, y decidir con quién vamos a casarnos.

Recibir a Cristo es el paso más importante de la vida. Si una persona no tiene a Cristo en el corazón, no está reconciliada con Dios. Si no está reconciliada con Dios, vive en un vacío espiritual, vive en pecado. Viviendo en pecado, vive perdida, lejos de Dios. Para tal persona, entonces, los consejos que le puedo dar en cuanto al matrimonio solo serán de valor relativo.

No obstante, cuando uno recibe a Cristo en el corazón, ¡qué privilegio tan tremendo! Con Cristo en nosotros no tenemos por qué cometer errores irreparables con respecto al casamiento. Yo doy gracias a Dios que acepté a Cristo en mi vida con tiempo suficiente para escoger a mi esposa. Novia primero, esposa después, siempre dentro del plan de Dios. Le alabo porque cuando llegó el momento de preguntarme «¿Con quién me casaré?», Dios me ayudó a elegir a la mujer que ahora es mi esposa y la madre de mis cuatro hijos.

Mi esposa Patricia recibió a Cristo cuando era niña. Así las cosas, Dios hizo que nuestros caminos se cruzaran y nos diéramos cuenta de que era la mujer que Dios había preparado para mí y yo el hombre para ella.

Sin embargo, no recibí mucha orientación siendo adolescente. Es por eso que ahora en nuestras cruzadas, cuando celebramos la «Noche de la juventud», hablamos sobre el noviazgo, el casamiento, el sexo y el plan de Dios para la vida matrimonial. Lo hacemos porque no deseamos que ningún joven que confiesa a Cristo como Salvador vaya a equivocarse, o que con el tiempo tenga que lamentar errores, algunos de ellos irreparables.

Todos cometemos equivocaciones. Lo triste es cuando un joven comete un pecado que lo hunde para siempre. Aunque no caiga en inmoralidad, supongamos que escoge un compañero que no estaba en el plan de Dios ni en su voluntad. En ese caso, tendrá que sufrir las consecuencias hasta que la muerte los separe. ¡Qué tragedia para una vida joven!

Se dice que algunos matrimonios parecen que se hicieron en el cielo. Sin embargo, los detalles prácticos han tenido lugar en la tierra, sin ninguna duda. Por eso es vital que todo muchacho y toda joven puedan tener tranquilidad al responder la gran pregunta: «¿Con quién me casaré?».

EL PLAN DIVINO

El ser humano, por lo general, busca un compañero con quien casarse y compartir su vida. Es natural y hermoso que suceda así. La Biblia afirma que Dios creó al hombre y, luego, de haber creado a Adán...

> Jehová Dios dijo: «No es bueno que el hombre esté solo. Le voy a hacer una compañera que sea de ayuda para él en todas sus necesidades». Dios, pues, formó de la tierra todo tipo de animales y de aves. Entonces se los presentó al hombre para que les pusiera nombre. El nombre que les puso es el que tienen ahora. Pero entre ellos no había aún compañía adecuada para el hombre. Entonces [...] hizo a la mujer y se la llevó al hombre.

> —¡Ahora sí! —exclamó Adán—. Ella es hueso de mis huesos y carne de mi carne.
> **Génesis 2:18-23**

Es muy cierto que la atracción que un muchacho siente por una chica, o una chica por un muchacho, es el ideal planeado por Dios mismo. El deseo de casarse, de compartir la vida con una persona del otro sexo, es el plan de Dios para la juventud. El designio de Dios es que la mayoría de la gente se case. Por esa razón decimos que la Biblia no es sino un libro práctico, un manual para la vida diaria, una guía para la vida aquí en la tierra, y está inspirada por Dios.

> Toda la Escritura es inspirada por Dios y útil para enseñar, para reprender, para corregir y para instruir en la justicia, a fin de que el siervo de Dios esté enteramente capacitado para toda buena obra.
> **2 Timoteo 3:16-17, NVI**

Ya mencionamos que Dios declaró: «No es bueno que el hombre esté solo. Le voy a hacer una compañera que sea de ayuda para él en todas sus necesidades». Sí, el hombre debe casarse. Tiene el deber, el privilegio y el derecho de casarse. Este es el plan y el deseo de Dios para la humanidad.

Quiero finalizar esta introducción invitándote a leer los primeros tres capítulos del Génesis, el primer libro de la Biblia. Este pasaje te irá preparando para el tema del matrimonio. Así y todo, aun antes de leer estos capítulos, antes de pensar «¿Con quién me casaré?», pregúntate: «¿He recibido a Cristo en mi corazón? ¿Tengo a Cristo como mi Salvador? ¿Es el Señor Jesús el Señor de mi vida?».

En el caso de que la respuesta sea sí, hay un maravilloso futuro para ti, tanto en la tierra como en el cielo. La Biblia afirma:

> Y este es el testimonio que Dios ha dado: él nos dio vida eterna, y esa vida está en su Hijo. El que tiene al Hijo tiene la vida; el que no tiene al Hijo de Dios no tiene la vida.
>
> **1 Juan 5:11-12, NTV**

Si tienes a Cristo en tu corazón, sigue adelante en la búsqueda de tu compañero, pero sigue adelante con Cristo. Solo con Él habrá un futuro lleno de bendición, y podrás formar un precioso hogar donde vivir con alegría celestial.

«No es bueno que el hombre esté solo»

« ¿Con quién me casaré?» Esta es una de las preguntas cruciales que enfrenta la juventud. La gran mayoría de los jóvenes quiere casarse y ser feliz. Dios lo quiere así. A pesar de eso, la decisión de elegir al compañero no siempre resulta sencilla.

A mi mente viene un caso que tal vez parezca insignificante, pero que quizá, con algunas variantes, podría ser la experiencia de muchos jóvenes. Federico tenía unos treinta años y su esposa había muerto de una enfermedad repentina. Se había quedado con dos hijos y deseaba casarse de nuevo, lo cual es apropiado. La Biblia enseña que los viudos tienen derecho a casarse, aunque con una condición, «con tal que sea en el Señor» (I Corintios 7:39, RV-60).

Federico me contó que solía viajar en autobús, y allí varias veces había visto a una joven que le había llamado la atención. Comenzó a fantasear y me preguntó:

«Luis, ¿no será esa la joven que Dios ha preparado para que me case? Es bella, parece inteligente y está llena de vida».

«¡Federico!», le respondí, «¿cómo puedes ser tan simplista y pensar que esa joven está en el plan de Dios para tu vida? Solo la has visto en el autobús y te sentiste atraído por su figura y su mirada».

Por cierto, esa no es la forma de elegir un compañero para la vida. La atracción hacia una persona no es sinónima de amor por esa persona. Lo asombroso del matrimonio es que dos personas se comprometen a vivir juntas, en compañerismo y amor, en las buenas y en las malas.

Nadie se casa para ser infeliz. Todos soñamos con tener un matrimonio feliz hasta que la muerte nos separe o Jesucristo regrese y nos lleve al cielo (I Tesalonicenses 4:13-17). Nadie va a buscar a una chica para casarse con ella, pensando: «Voy a casarme con la joven que me haga el hombre más miserable del mundo».

Por supuesto que no. Uno busca a la muchacha que lo haga el ser más feliz de la tierra. Lo triste es que haya tantos sueños frustrados. Sin embargo, ¡qué privilegio es ser de Cristo en la juventud y comenzar bien!

EL SECRETO

Dios dice: «No es bueno que el hombre esté solo. Haré una ayuda ideal para él». O sea, el cristiano y la cristiana, cuando están pensando en formar una pareja, *están buscando a esa persona que ya eligió Dios.* Una ayuda ideal, una persona acorde a mis necesidades y, al mismo tiempo una persona que necesita lo que yo tengo para darle.

El cristiano no busca a su pareja por motivos puramente egoístas (al menos no debiera ser así). Es verdad que el joven necesita una esposa; pero a su vez, cuando está pensando en la compañera, debe preguntarse: «¿A quién podré bendecir? ¿Quién necesita lo que yo tengo para ofrecer? ¿A quién puedo ayudar? ¿A quién puedo amar con todo mi corazón y para quién puedo ser una bendición?».

PARA SIEMPRE

Hay otro punto importante que mencionar. El cristiano está unido para siempre. No es como una mariposa ni como una abeja que va de flor en flor para ver cuál es la más dulce. Cuando un cristiano se casa, no piensa: «Bueno, me caso con María, y si me canso de ella porque no me agrada, me divorcio y me caso con Cristina. Y si no me llevo bien con Cristina, después de separarme me caso con Alicia».

De ninguna manera. La Biblia dice:

> Como ya no son dos sino uno, que nadie separe lo que Dios ha unido.
> **Mateo 19:6,** NTV

En la Biblia y en el verdadero cristianismo no se contempla la separación ni el divorcio. Sí existe un pequeño paréntesis, una cláusula infinitesimal que indica que en casos de extrema gravedad Dios permitiría el divorcio. Me refiero al adulterio cometido por alguna de las partes. A pesar de eso, el joven cristiano no debe ser tan necio ni tan ciego como para argumentar dentro de sí: «Bueno, si mi esposa no resulta ser lo que espero, buscaré otra esposa y listo».

Tal actitud es el fin de la paz interior y la alegría de la vida. Tal actitud es un mal comienzo para cualquier matrimonio. Es una locura irreparable. Por supuesto que Dios perdona. En la Biblia leemos lo siguiente:

> La sangre de Jesucristo el Hijo de Dios nos limpiará de todo pecado.
> **1 Juan 1:7, LBD**

> La sangre de Cristo transformará nuestras vidas y corazones. Su sacrificio [...] nos impulsa a desear servir al Dios vivo.
> **Hebreos 9:14, LBD**

Sí, Dios perdonará, pero el joven cristiano debe tener en cuenta que se casa para siempre, hasta que solo la muerte los separe. No hay

16

juez, ni hombre, ni padre, ni nadie con derecho a separarlos.

Conocí a una pareja que se casó relativamente joven. Después, tuvieron una niña. Un día, se enfrascaron una discusión un poco violenta y se enojaron mucho, aunque no llegaron a los golpes. Varios días después en una decisión apresurada, la señora abandonó el hogar y se fue a casa de sus padres. Al llegar allí le pidió el divorcio a su padre, que era juez. Este se lo concedió de inmediato, mientras el marido quedaba sumido en la tristeza, el dolor y la terrible frustración de no poder ver más a su hijita porque la esposa se lo había prohibido.

Amable lector, el verdadero cristiano piensa en casarse y vivir unido al cónyuge en amor, paciencia, ternura y perdón constantes, hasta que la muerte los separe. Esta mujer no abandonó a su marido por cuestión de inmoralidad sexual, sino porque no quiso vivir más a su lado, solo porque tuvieron una pelea. Ella pecó contra Dios, contra su marido, contra su hijita, y pecó también el padre de la joven al permitir que ella regresara a la casa paterna y al conceder el divorcio.

Es verdad que «no es bueno que el hombre esté solo». Esto fue lo que declaró Dios. Aun así, también es cierto que Dios concibió el matrimonio como una unión permanente, de por vida.

¿con quién me casaré?

2

¿Estoy enamorado?

Una gran cantidad de adolescentes y jóvenes me preguntan: «Señor Palau, ¿cómo puedo saber si estoy enamorado? ¿Cómo puedo determinar si en verdad es amor o es solo atracción pasajera y superficial?».

No existen fórmulas fáciles. La persona cristiana sincera, sin embargo, tiene ciertas pruebas que le ayudarán a aclarar los sentimientos. Si tú quieres conocer la voluntad de Dios, puedes conocerla. El Señor Jesús dijo:

> El que esté dispuesto a hacer la voluntad de Dios reconocerá si mi enseñanza proviene de Dios o si yo hablo por mi propia cuenta.
>
> **Juan 7:17, NVI**

En pocas palabras, cuando existe la voluntad sincera en el corazón, el Espíritu Santo se ocupa de guiar al joven cristiano.

> Esto dice el SEÑOR, tu Redentor, el Santo de Israel: «Yo soy el SEÑOR tu Dios, que te enseña lo que te conviene y te guía por las sendas que debes seguir.
> **Isaías 48:17, NTV**

¿VERDADERO AMOR?

Hoy en día hay una gran confusión como resultado de las novelas baratas, las películas pornográficas y también como resultado de ciertas pautas culturales erradas. Yo diría que la palabra *amor* es una de las más distorsionadas de nuestro léxico. El término *amor* se ha prostituido. La gente cree que la palabra amor es sinónima de sexo. Sin embargo, amor y sexo no son sinónimos en realidad. Amar no implica, necesariamente, tener relaciones sexuales. Así como tener relaciones sexuales tampoco implica que haya amor. Las relaciones sexuales son para expresar amor, pero no siempre el amor se manifiesta a través del sexo. La Biblia dice que debemos amar a todos porque «Dios es amor» (1 Juan 4:8). ¿Cuál es la esencia del amor? Según la Epístola a los Gálatas, el amor es servicio. La señal de que amamos a alguien es que servimos a esa persona: «Ustedes, mis hermanos, han sido llamados a vivir en libertad; pero no usen esa libertad para satisfacer los deseos de la naturaleza pecaminosa. Al contrario, usen la libertad para servirse unos a otros por amor» (Gálatas 5:13, NTV).

El amor se revela en el servicio. Amor es lo que hace buscar el bien de la otra persona, es el fundamento de la vida en la relación. En la Biblia hay un cántico al amor, y quisiera mostrártelo. Es un cántico inspirado por el Espíritu Santo de Dios y puesto en boca del gran apóstol Pablo:

> Si hablo en lenguas humanas y angelicales, pero no tengo amor, no soy más que un metal que resuena o un platillo que hace ruido. Si tengo el don de profecía y entiendo todos los misterios y poseo todo conocimiento, y si tengo una fe que logra trasladar montañas, pero me falta el amor, no soy nada. Si reparto entre los pobres todo lo que poseo, y si entrego mi cuerpo para que lo consuman las llamas, pero no tengo amor, nada gano con eso. El amor es paciente, es bondadoso. El amor no es envidioso ni jactancioso ni orgulloso. No se comporta con rudeza, no es egoísta, no se enoja fácilmente, no guarda rencor. El amor no se deleita en

> la maldad sino que se regocija con la verdad. Todo lo disculpa, todo lo cree, todo lo espera, todo lo soporta. El amor jamás se extingue, mientras que el don de profecía cesará, el de lenguas será silenciado y el de conocimiento desaparecerá [...] Ahora, pues, permanecen estas tres virtudes: la fe, la esperanza y el amor. Pero la más excelente de ellas es el amor.
>
> **1 Corintios 13:1-8, 13,** NVI

ENAMORAMIENTO Y AMOR

22

Hablando de la palabra «amor», quiero insistir en lo que le he dicho muchas veces a la juventud en nuestras cruzadas y nuestros programas de radio y televisión. Hay que distinguir el amor de lo que llamo simple «enamoramiento». Llamo enamoramiento a lo que es sexual, pasajero y superficial. Es una atracción por una persona del sexo opuesto en un momento dado de la vida de los jóvenes, ya sean solteros o casados. Esa atracción pasajera no tiene nada de malo en sí misma, pero no la llamemos amor porque no lo es.

Algunos apenas conocen a una persona hacia quienes se sienten atraídos, y dicen: «Esto tiene que ser amor». ¡No! El amor nunca deja de ser. El amor es profundo. El amor es multifacético. El amor es permanente y se sacrifica por la persona amada. El amor busca el bien del otro y piensa más en el otro que en sí mismo.

Sí, el amor es la clave de un noviazgo y un matrimonio felices. Examina tu corazón. Si crees amar a un joven o a una chica, pregúntate: «¿Siento la clase de amor que se describe en el pasaje de 1 Corintios 13?». Yo no puedo contestar a tu pregunta, al menos en este momento. Debemos ir por partes.

¿Estás enamorado en verdad? El primer paso es ir a la Biblia y descubrir qué es el verdadero amor. Una vez que lo hayas descubierto, entonces sí puedes hacerte la pregunta: «¿Estoy enamorado?».

Dijimos que no existen fórmulas mágicas para determinar si una persona está enamorada. Por mi parte, quiero dejarte doce preguntas que te ayudarán a saber en lo íntimo de tu corazón si es o no amor real lo que sientes, si es o no la voluntad de Dios. En el caso de que puedas responder cada pregunta con un sincero SÍ o NO, según corresponda, podrás estar seguro de que esa es la voluntad de Dios para tu vida.

Mi oración es que ustedes, muchachos o chicas cristianos, que aún tienen por delante la delicia del matrimonio, la posibilidad de un hogar feliz, se hagan estas preguntas y las contesten con sinceridad ante su Dios. El Señor Jesús afirmó:

23

«El que quiera hacer la voluntad de Dios, conocerá» **(Juan 7:17, RV-60).**

¿Quieres hacer de verdad la voluntad de Dios? Entonces tienes su promesa: «Conocerás».

3

Primero y principal

Para el verdadero cristiano, para el joven que es hijo de Dios porque tiene a Cristo en el corazón, esta es la pregunta inicial, a fin de responder después la siguiente; o sea, «¿Con quién me casaré?».

> **Primera pregunta: «¿La persona con la que quiero casarme es o no es un verdadero creyente en Cristo?».**

La Biblia es terminante con respecto a que el cristiano no debe casarse con un incrédulo. Hay un gran énfasis en las palabras de San Pablo:

> No se asocien íntimamente con los que son incrédulos. ¿Cómo puede la justicia asociarse con la maldad? ¿Cómo puede la luz vivir con las tinieblas? ¿Qué armonía puede haber entre Cristo y el diablo? ¿Cómo puede un creyente asociarse con

un incrédulo? ¿Y qué clase de unión puede haber entre el templo de Dios y los ído-
los? Pues nosotros somos el templo del
Dios viviente. Como dijo Dios: «Viviré en
ellos y caminaré entre ellos. Yo seré su
Dios, y ellos serán mi pueblo. Por lo tanto,
salgan de entre los incrédulos y apárten-
se de ellos, dice el Señor. No toquen sus
cosas inmundas, y yo los recibiré a ustedes. Y yo seré su Padre, y ustedes serán
mis hijos e hijas, dice el Señor Todopode-
roso».

2 Corintios 6:14-18, NTV

Subraya este pasaje en tu Biblia. Apréndelo de
memoria hasta que se grabe con letras de fuego
en tu corazón.

UN VERDADERO CRISTIANO

Si quieres un matrimonio feliz, si de verdad estás
decidido a casarte dentro de la voluntad de Dios,
asegúrate de tener la certeza de que esa persona
sea cristiana renacida.

Hay hombres y mujeres que se enamoran
de un cristiano y empiezan a asistir a una iglesia cristiana. Al cabo de un tiempo, creen que
aceptaron a Cristo en el corazón y los demás
también lo creen. Con una sinceridad equivocada
algunos incluso levantan la mano cuando se piden

decisiones de fe en una reunión de evangelización; hasta son capaces de pasar adelante en una campaña de predicación porque en su corazón ansían casarse con tal o cual cristiano. Tanto lo desean que hacen cualquier cosa para obtener su favor.

No es que todos sean hipócritas, pero están convencidos de que el hecho de pasar adelante, levantar la mano o incluso bautizarse, es suficiente, y que con eso ya son «cristianos» y pueden casarse con el que sí es un verdadero cristiano. En realidad, o se es creyente o no se es creyente en Cristo. No hay territorio neutral.

¿DESOBEDIENCIA?

«No se asocien íntimamente con los que son incrédulos», dice Dios, y es terminante. También lo dice el sentido común; seamos, pues, inteligentes. La experiencia también lo dice, así que no la rechacemos. Hay que considerarlo muy en serio.

Recuerdo mis años de la adolescencia en la Argentina. Teníamos un grupo de amigos cristianos. Los que se casaron en desobediencia a la voluntad de Dios, hoy en día sufren las consecuencias. No son lo que pudieron haber llegado a ser. Uno de mis mejores amigos, que en verdad fue el que me enseñó a predicar en parques y plazas en la Argentina, hoy sirve muy poco a Dios. De vez en cuando va a la iglesia, pero ha perdido el gozo de la salvación y su alma se ha enfriado. Sucede que desobedeció a Dios en este paso tan vital. Se casó con una chica inconversa, fuera de la voluntad divina.

Y tú, amable lector, que anhelas hacer la voluntad del Señor, que deseas casarte y ser feliz, vivir y gozar de la vida, no debes siquiera considerar la posibilidad de casarte con quien no tiene tu misma fe en Cristo. Si desobedeces a Dios en esta cuestión, desperdiciarás tu vida. No habrá felicidad. Tu hogar nunca llegará a ser un hogar feliz, maravilloso, lleno del Espíritu Santo y de la gloria de Dios. Ten por seguro que de esa manera no encontrarás la plena felicidad que Dios te tiene reservada.

Casarse con un inconverso es un pecado contra Dios, un pecado contra ti mismo y contra los hijos que vendrán. Casarse con un incrédulo puede llegar a ser el mayor fracaso de tu vida. Aunque seamos cristianos, casarse fuera del plan divino es un asunto de suma gravedad.

UNA PRUEBA SENCILLA

Quizá te preguntes: «¿Cómo puedo estar seguro de que alguien es con certeza hijo de Dios? ¿Qué hago para saber si Cristo vive en ese corazón?». Hijos de Dios somos todos los que hemos invitado a Cristo a nuestro ser por la fe. No es porque vayamos a la iglesia, leamos la Biblia, oremos al Señor, hagamos obras de caridad, nos hayamos bautizado, ni porque seamos buenas personas. El cristiano es quien tiene a Jesucristo en la vida, quien le ha pedido perdón por sus pecados y quien ha aceptado su sacrificio en la cruz.

He aquí seis evidencias de un cristiano, según las encontramos en la primera carta del apóstol Juan:

1. **Confiesa su pecado cada día con humildad (1:9).**
2. **Obedece la Palabra de Dios (2:3-6, en especial el v. 4).**
3. **Ama a su hermano (2:10).**
4. **No ama al mundo ni lo que este le ofrece (2:15).**
5. **No practica el pecado (3:9).**
6. **Vence el pecado (5:4).**

29

Ruego a Dios que nunca tengas un noviazgo con un joven que no sea cristiano. Al no hacerlo, habrás dado el primer paso hacia un matrimonio feliz.

Sin embargo, por otro lado, como cristiano no solamente debes casarte con otro cristiano, sino con un cristiano que crezca en el conocimiento del Señor Jesús, con un cristiano que no dificulte tu crecimiento espiritual, sino que, por el contrario, te anime e inspire a crecer en tu fe.

Ante Dios toma la decisión de que te casarás con un compañero con quien puedas buscar el reino de Dios y su justicia toda la vida. ¡Nada puede ser más emocionante!

4

El amor: Pautas a tener en cuenta

(Primera parte)

Cuando un joven piensa en casarse, anhela hacer las cosas de la mejor manera, desea comenzar con un fundamento sólido. El joven no quiere edificar su casa sobre la arena, sino sobre la roca. Si tienes a Cristo en tu corazón, no tienes por qué fracasar, caer, ni arruinar tu vida. Con el Señor Jesús en tu vida podrás formar un hogar precioso donde valga la pena vivir.

¿ORGULLOSO O AVERGONZADO?

Hay otra pregunta importante que debes hacerte con respecto a la persona de quien crees estar enamorado.

Segunda pregunta: «¿Estoy orgulloso de ella, o me avergonzaría presentársela a algún personaje importante?».

El verdadero amor nunca se avergüenza de la otra persona. Todo lo contrario, está orgulloso de ella. No es necesario que tu pareja sea una estrella de cine para que la puedas presentar con arrogancia a tus amigos y conocidos. Lo importante no es la apariencia, sino el sentimiento de tu alma hacia tal persona. Cuando alguien ama de verdad, tiene deseos de que todo el mundo conozca a su novio o cónyuge.

En mis viajes evangelísticos he conocido hombres que están avergonzados de sus esposas. Algunos han demorado varios días en presentármela porque sentían vergüenza de la apariencia de ella, de su falta de cultura, etc.

Amable lector, si eres un cristiano verdadero y tienes una relación de noviazgo, esta pregunta será una buena prueba para saber si tu amor es genuino: *¿Estás orgulloso de tu novia? ¿Estás orgullosa de tu novio?* Sé sincero contigo mismo y deja que fluyan a la superficie tus más íntimos pensamientos. Es una pregunta crucial.

¡Qué lindo si estuvieras orgulloso de presentar a tu compañero hasta al mismo presidente de la nación!

¿INFERIOR A MÍ?

Tercera pregunta: «¿Considero que es inferior a mí en algún aspecto?».

Hace varios años celebrábamos un retiro juvenil en Colombia. Un joven de veintidós años se me acercó y me dijo que quería conversar conmigo. Salimos entonces a caminar un rato.

—En la costa, donde trabajo —me confesó—, tengo una novia. Soy maestro de una escuela y allí la conocí. Ella es bonita, me agrada mucho. Es una fiel cristiana. El problema es que mis padres dicen que ella es inferior a mí.

—A ver —le dije—, muéstrame la foto.

El muchacho sacó una fotografía de su bolsillo. En efecto, era una joven muy bonita.

—Mira —continué diciendo—, quien se va a casar eres tú. El consejo y la opinión de tus padres tienen valor, por supuesto, pero la decisión final debe ser tuya. En realidad, lo que importa es lo que piensas tú.

—Bueno —dijo el muchacho—, le voy a decir la verdad. Mis padres dicen que mi novia es inferior a mí porque yo tengo más educación. Yo voy a ser todo un profesional y hay una gran diferencia en ese sentido.

—¿Crees que tus padres tienen razón? —pregunté—. ¿Consideras que tu novia será un motivo de vergüenza para ti?

Caminamos unos pasos en silencio y, por fin, respondió con toda franqueza:

—Sí, creo que debido al desnivel en nuestra educación, me siento superior en ese aspecto.

—Entonces, muchacho, no sigas con ella —fue mi consejo.

Eso no era verdadero amor. Cuando un joven ama a su novia, y la ama de verdad, ese amor los llevará a un matrimonio feliz dentro de la voluntad de Dios, y nunca va a considerar a su compañera inferior a él. Por esa razón le aconsejé a aquel muchacho que no siguiera la relación con su novia.

Lo mismo se ajusta a una chica para con su novio. Hay muchas jóvenes que comienzan una relación de noviazgo con muchachos de menos educación, y aunque les tienen cariño, en su interior se sienten superiores y existe cierto sentimiento de vergüenza y menosprecio para con ellos. Este no puede ser el camino a una relación exitosa y feliz.

34

TERNURA Y NO MALTRATOS

Cuarta pregunta: «¿Siento respeto por la persona de quien creo estar enamorado, o me tomo libertades al maltratarla y abusar de ella?».

Según la Biblia, el verdadero amor es sinónimo de pureza. El verdadero amor piensa en la persona amada en términos puros. Si un individuo cree estar enamorado, pero solo tiene pensamientos egoístas e impuros hacia la persona que se supone que ama, es señal de que eso no es amor. Se trata de una pasión. Cuando no hay respeto, sino ciertas libertades en el trato, ya sea de palabra o de hecho, no existe verdadero amor.

Recordemos que el Señor Jesús nos insta a amar a nuestro prójimo como a nosotros mismos, una doctrina que encontramos a través de toda la Biblia.

Quiere decir que mientras tenga respeto por mí mismo, tendré respeto por la otra persona.

El amor protege, es tierno y paciente, como afirma el capítulo 13 de 1 Corintios.

Estimado joven, si la persona que dice amarte se toma libertades contigo ahora que son novios, si hay maltratos y abuso verbal, las cosas no mejorarán cuando se casen. Todo lo contrario. Si no hay respeto, no hay verdadero amor. Quizá sea pasión, gran atracción física, pero no es amor. Así que ten mucho cuidado.

Es lamentable que haya quienes crean que el amor se hace a golpes. No es así. El verdadero amor puede moldear, pero con ternura y suavidad, con la persuasión que nace del verdadero afecto en Dios.

PAZ EN EL CORAZÓN

Quinta pregunta: «Mientras estoy en oración, ¿siento tranquilidad al pensar en casarme?».

El cristiano no debe tomar esta vital decisión del matrimonio sin consultarlo en oración con su Padre celestial. Esta decisión sin el consejo divino puede conducir al desastre. Jesús afirmó:

> Si ustedes creen, recibirán todo lo que pidan en oración.
> **Mateo 21:22**, NVI

Si tienes a Cristo en tu corazón, Dios es tu Padre y oye tus oraciones. Decir que las «oye» no solo significa que las *escucha*, sino que también las *responde*. Dios es un Padre amante y desea que te cases para que seas feliz, para que hagas feliz a tu cónyuge y a los hijos que vendrán. Cada matrimonio no solo influye en la pareja, sino en los hijos, los nietos y los descendientes en general.

Cuando estás en oración, ¿sientes dudas persistentes en cuanto a tu futuro matrimonio? Es una señal peligrosa. Si hay dudas de ese tipo, es posible que no sea verdadero amor. Si bien en algún momento a todos nos cruzan las dudas, hay veces en que Satanás, el astuto y destructor enemigo de los cristianos, siembra esta semilla de angustia y ansiedad en el corazón de los jóvenes que tienen una relación de noviazgo. Por eso te pregunto: «Cuando oras, ¿sientes tranquilidad o intranquilidad al pensar en el casamiento?».

La oración es una de las grandes claves de la vida cristiana abundante.

> Que la paz que viene de Cristo gobierne en sus corazones. Pues, como miembros de un mismo cuerpo, ustedes son llamados a vivir en paz.
> **Colosenses 3:15**, NTV

Esa paz interna que gobierna el corazón es una indicación de que Dios está dirigiendo tus pasos. Cuando la paz embarga tu ser, Dios te dice que sigas adelante por el camino en que andas. Sin embargo, cuando Dios retira su paz, te está indicando que te detengas y reconsideres tu decisión.

En el Salmo 37 hay algunos versículos que debieras memorizar y poner en práctica:

> Confía en el Señor y haz el bien; establécete en la tierra y mantente fiel. Deléitate en el Señor, y él te concederá los deseos de tu corazón. Encomienda al Señor tu camino; confía en él, y él actuará.
> **Salmo 37:3-5, NVI**

Si te deleitas en Dios cada día, si te deleitas en tus devocionales con Él cada mañana, leyendo la Biblia, orando y obedeciéndolo con alegría, Él te dará lo que anhela tu corazón.

La mejor recomendación que puedo darte es que busques la voluntad de Dios de rodillas. Me gozo al poder asegurarte, Dios puso en mí la certeza, que Él te guiará y dirigirá cada uno de tus pasos en esta decisión trascendental.

5

El amor: Pautas a tener en cuenta

(Segunda parte)

CELOS Y SOSPECHAS

Sexta pregunta: «¿Tengo plena confianza en su amor y fidelidad, o hay celos y sospechas infundadas en mi corazón?».

Es importante meditar en el siguiente pasaje bíblico:

> Cuando ustedes siguen los deseos de la naturaleza pecaminosa, los resultados son más que claros: inmoralidad sexual, impureza, pasiones sensuales, idolatría, hechicería, hostilidad, peleas, celos.
>
> **Gálatas 5:19-20**, NTV

Los celos no provienen de Dios; son obra de nuestra naturaleza humana; son el resultado del pecado en el corazón del hombre. Ahora bien, si nuestro compañero se comporta de manera impropia, lo que sentimos en el corazón ya deja de ser celo en el sentido bíblico de la palabra. Se convierte en una queja justificada contra la otra parte.

No obstante, si sientes envidia, si sobreproteges de manera exagerada, si tus celos son infundados, esto es señal de que algo anda mal en el noviazgo. Es muy cierto que los novios y los esposos quieren estar juntos; pero si tienen que justificar cada momento que han estado separados, es indicativo de falta de confianza mutua.

Si estás casado con quien no tiene a Cristo en el corazón, podría haber dudas y celos, pero no debiera suceder entre dos cristianos sinceros.

40

LARGAS CONVERSACIONES

Séptima pregunta: «¿Podemos conversar juntos durante largas horas o no tenemos nada de qué hablar?».

Se dice que el verdadero amor habla. El amor sin conversación muere pronto. El amor no es algo automático, debe cultivarse; y para ello es preciso conversar y compartir el uno con el otro. El amor se expresa revelándose en hechos y con palabras.

¿DISPUESTO A ESPERAR?

Octava pregunta: «¿Estoy dispuesto a esperar el tiempo que sea necesario?».

Cuando una persona está demasiado apurada en casarse, es porque algo no anda bien. El apuro extremo casi siempre es solo sexual. El amor es paciente. El verdadero amor sabe esperar el momento adecuado. En Gálatas 4:4 leemos que «cuando llegó el momento que tenía determinado, Dios envió a su Hijo».

De la misma manera sucede con el matrimonio. Las mujeres y los hombres cristianos esperan que llegue «el momento» que Dios ha indicado y determinado.

¿BUSCO MI PROPIO BIEN?

Novena pregunta: ¿Quiero ser la clase de persona que mi compañero pueda respetar, o pretendo hacer todo por la fuerza? ¿Quiero salir siempre con la mía o busco el bien y los deseos del otro?

No debes olvidar lo que dice 1 Corintios 13 al referirse al amor genuino: «El amor no es presumido ni orgulloso; no es arrogante ni egoísta ni grosero; no trata de salirse siempre con la suya» (vv. 4-5). Cuando existe verdadero amor, los dos están buscando el bien del otro y no el bien propio. El que ama desea el bien de la persona amada.

JUSTO PARA MÍ

> **Décima pregunta:** «¿Es ella la joven idónea para mí? ¿Es él el joven idóneo? ¿Suplirá las deficiencias mías? ¿Supliré yo las suyas?».

En Génesis 2, vimos que Eva fue la ayuda adecuada para Adán, la ayuda para él en todas sus necesidades. Tu pareja debe ser tu complemento, tu otra mitad, de manera que juntos vivan para la gloria de Dios.

ATRACCIÓN FÍSICA

> **Undécima pregunta:** «La persona con que quiero casarme, ¿me resulta físicamente atractiva?».

Quizá esta pregunta te resulte absurda. Sin embargo, hay jóvenes que se deciden a contraer matrimonio sin apreciar físicamente al futuro cónyuge. Esto ocurre, sobre todo, entre jóvenes que quieren ser «espirituales» y vivir vidas santas para Dios. Yo los comprendo. No quieren casarse por pasión física, y quieren estimar otros valores en el futuro cónyuge. Sin embargo, han llegado al otro extremo. Es peligroso el hecho de suponer que la apelación física no tenga importancia.

Somos seres tripartitos: cuerpo, alma y espíritu. Por supuesto que debemos colocar el amor en su justa perspectiva. Hay aspectos importantísimos como el espíritu, el intelecto, las emociones, la sociabilidad, el nivel cultural y educacional. Todo ello es muy cierto. Aun así, no se te ocurra despreciar ni relegar el atractivo físico a un lugar intrascendente, pensando que es impropio.

En el mundo de hoy la hermosura matrimonial se ha torcido de tal manera que muchas veces nos sentimos motivados a reaccionar con exageración en el otro sentido. Jamás olvides que Dios mismo creó nuestros cuerpos, y si bien el egoísmo y el pecado lo contaminan todo, el verdadero cristiano ve el cuerpo humano y la sexualidad como algo bello, maravilloso, cuando se entiende desde la perspectiva divina. Tal perspectiva está revelada en la Biblia.

43

EL PAPEL DE LOS PADRES

Duodécima pregunta: «¿Están de acuerdo mis padres con nuestro noviazgo y futuro casamiento?».

Dios mismo dijo:

Hijos, obedezcan en el Señor a sus padres, porque esto es justo.
Efesios 6:1, NVI

Hijos, obedezcan a sus padres en todo,
porque esto agrada al Señor.
Colosenses 3:20, NVI

Si los padres no dan el visto bueno, es arriesgado proseguir con los planes. La obediencia a los padres «agrada al Señor». Psicológicamente, no hay paz en lo íntimo del ser ante un matrimonio gestado sin la aprobación paterna y materna. Por otra parte, hay satisfacción y alegría cuando las familias se forman con el beneplácito de nuestros seres más queridos.

¿A quién irás en busca de consejo cuando surjan desavenencias con tu cónyuge? ¿Acaso no te contestarían: «Ya te habíamos advertido que no te casaras con Fulano»? Y suponiendo que cuando tengas luchas interiores no vayas a tus padres para que te aconsejen, en tu corazón te vas a preguntar: «¿Tendrían razón papá y mamá al oponerse a nuestro matrimonio? ¿Nos estaremos encaminando al desastre? ¿Y si en verdad todo fue un error?».

Si es de Dios que ustedes se casen, Dios mismo puede cambiar la opinión de tus padres. Quizá estén esperando ver más madurez en ustedes, más responsabilidad económica o disciplina. Trata de averiguar por ti mismo por qué son contrarios a tu noviazgo. Tal vez una sencilla aclaración de tu parte resuelva las cosas. Tus padres pueden brindarte su ayuda y experiencia.

Si has nacido en un hogar cristiano, el privilegio es inmenso. Agradécele a Dios por ello. Pídele al Señor la gracia para saber acercarte a tus padres con sabiduría y pedirles consejo en cuanto a la vida amorosa en general, y en cuanto a tu elección en particular. «Escucha el consejo de tu padre, oye la voz de tu madre», leemos una vez tras otra en Proverbios.

Padres e hijos, madres e hijas, juntos, en comunión, compartiendo y ayudándose en este paso crucial de la vida: el casamiento.

6

En dos direcciones

Es normal, trascendental y hermoso que los jóvenes se hagan la pregunta: «¿Con quién me casaré?». Sin embargo, no puedes estar siempre pendiente del momento en que llegue esa persona. Debes enriquecer tu vida con los amigos cristianos que tienes a tu alrededor, y debes pedirle al Señor que esas compañías sean para tu bendición y madurez. Es vital que un joven aprenda a desarrollarse en su medio, que se haga de amigos y que también conozca a las familias de las personas con las que entabla amistad.

Teniendo como amigos a otros creyentes en Cristo, obtendrás madurez en lo personal, en lo social y en lo intelectual. El evangelista Lucas nos introduce a los años jóvenes de nuestro Señor, dejándonos un modelo digno de imitar. Lucas 2:52 nos relata que «Jesús crecía en sabiduría [desarrollo intelectual] y en estatura [desarrollo físico], y en gracia para con Dios [desarrollo espiritual] y los hombres [desarrollo social]» (NVI).

El hombre es un ser gregario; lo crearon para tener comunión con los demás, para vivir en relación. Todo ser humano necesita un círculo de amigos que le ayude a crecer, a desarrollarse y a madurar. ¿Cuáles son algunos de los beneficios?

DIRECCIÓN HORIZONTAL: OTROS Y YO

En primer lugar, hay un crecimiento en nuestra habilidad para comunicarnos con los demás. Una de las claves y llaves para un matrimonio feliz es la comunicación fluida entre marido y mujer. Hay millones de familias que sufren desorientación y desaliento porque no hay comunicación entre esposo y esposa, ni entre padres e hijos. Es muy triste, pero no hay habilidad para comunicarse ni para disfrutar momentos alegres o experiencias de cualquier tipo. Muchas familias se acostumbran a no conversar y el silencio se convierte en algo común.

Muchos se excusan, diciendo: «Yo no puedo hacer amigos; creo que la gente me desprecia». ¿Eres tú una de esas personas? A menudo los más retraídos son los que corren mayores riesgos de soledad, ya que no tienen mucho de atrayentes, pero sí bastante de antipáticos. También existe el mito de que una persona tímida y demasiado introspectiva es alguien muy «espiritual» y, por ende, la deben dejar tranquila en su propio mundo. Nada más lejos de la realidad. La verdadera espiritualidad no consiste en la apariencia de quietud. Sea cual fuere la situación, el secreto está en un texto del libro de Proverbios, que una de las traducciones lo cita de la siguiente manera:

«El hombre que tiene amigos, ha de mostrarse amigo» **(18:24, RV-60).**

Los amigos no solo se consiguen cuando los demás vienen a buscarnos. Dios aconseja que nosotros mismos debemos ir y mostrarnos amigos. Cuando actuamos de ese modo, la gente comienza a responder y a brindarse.

El corazón del ser humano está ansioso de amor. Hay un gran número de personas que se sienten solas. Aun dentro de una gran ciudad hay soledad. ¡Qué importante, entonces, es empezar a buscar amistad mostrándonos amigos!

Hace tiempo vivía en una zona en que todo el vecindario era frío y distante en cuanto a relaciones interpersonales. No había comunicación ni cercanía de almas, ni siquiera entre las mujeres. En esa época, mis hijos habían comenzado a practicar deportes con los demás niños del barrio. Yo empecé a mostrarme cordial con los amiguitos de mis hijos, y descubrí que a los pocos días los padres de esos niños me saludaban y sonreían. Las madres pasaban frente a nuestra casa y nos saludaban, expresando así su gratitud porque nosotros habíamos tomado la iniciativa de hacer amistad con sus hijos. Así también pudimos hacer amistad con los padres. Ese versículo de Proverbios «dio resultado».

En segundo lugar, cuando comenzamos a tener amigos y a pasar tiempo a su lado, se amplían nuestros horizontes y se abren nuevos intereses culturales y sociales.

Cuando muchachos y chicas entablan amistad (y no me refiero únicamente a la amistad que después puede llevar al matrimonio), comienzan a desarrollarse de manera cultural, social y espiritual. La personalidad se abre, el corazón se expande y se empiezan a aprender miles de cosas nuevas.

En tercer lugar, al buscar nuevos amigos, crecerá tu atractivo personal, lo que hará que te busquen otros. ¿Acaso no es lo que deseas? Te sentirás feliz y dispuesto a esperar el tiempo de Dios, el tiempo en que Él te guiará a la persona que amarás de verdad para toda la vida.

DIRECCIÓN VERTICAL: DIOS Y YO

Dios, por su parte, siempre ha buscado la amistad con el hombre. De la misma manera, nosotros debemos buscar la amistad y la comunicación con otros. En el libro de Proverbios, Dios se personaliza en la sabiduría y afirma:

> Amo a cuantos me aman. Los que me buscan, sin duda me hallarán [...] Los que me aman y me siguen son ricos en verdad.
> **Proverbios 8:17, 21**

Así como Dios busca tu amistad, busca tú también la amistad de otros y de Dios.

La amistad con Dios es el punto de partida a fin de poder contestar con seguridad la pregunta: «¿Con quién me casaré?». Es importante la relación en dirección horizontal (con nuestros semejantes), pero tiene prioridad la relación vertical (hacia el cielo).

Ya sea que puedas contestar con nombre y apellido «¿Con quién me casaré?», o que aún estés tratando de descubrirlo, debes tener presente que el matrimonio cristiano no está formado por dos personas, sino por tres. La tercera persona es Cristo Jesús. En Él se halla la base de un noviazgo y un matrimonio felices. Cristo es la fuerza unificadora de la pareja, por eso la Biblia dice: «No se asocien íntimamente con los que son incrédulos», ¿pues cómo puede haber comunión cuando uno de los esposos no es creyente en Cristo?

Patricia, mi esposa, entregó su corazón a Cristo cuando tenía ocho años de edad. Yo lo hice a los doce. Cuando unimos nuestras vidas, lo hicimos ante el Señor. Él es la tercera persona en nuestro matrimonio. Él es quien nos acerca como pareja a medida que nos acercamos más a Él.

Si quieres casarte, ser feliz y formar un hogar de acuerdo con los planes de Dios, debes encontrar un compañero que tenga tu misma fe en el Señor Jesús, ya que Él es el *centro de unión*.

Tiene que haber una fuerza externa que invada el corazón del muchacho y de la chica, uniéndolos de manera permanente. Es decir, ya no habrá dos voluntades, sino una. Precisamente esa es la voluntad de Dios, y los que aman a Cristo se entregarán con gusto a ese proceso.

A un lado el muchacho, al otro lado la chica y en el centro Jesucristo, abrazando y uniéndolos a los dos.

52

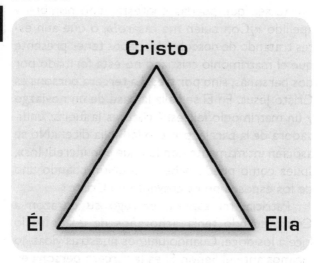

¿Quieres un matrimonio feliz? Aprende de memoria el texto de Gálatas 2:20 (RV-60):

> Con Cristo estoy juntamente crucificado, y ya no vivo yo, mas vive Cristo en mí; y lo que ahora vivo en la carne, lo vivo en la fe del Hijo de Dios, el cual me amó y se entregó a sí mismo por mí.

Este pasaje lo he parafraseado a fin de que una pareja que quiera alcanzar esa unidad lo lea y lo repitan juntos: «Con Cristo estamos juntamente crucificados, y ya no vivimos nosotros, mas Cristo vive en nosotros; y lo que ahora vivimos en la carne, lo vivimos en la fe del Hijo de Dios, el cual nos amó y se entregó a sí mismo por nosotros». Solo cuando Cristo vive en los dos corazones, la pareja encontrará unidad.

Cuando el hombre y la mujer pueden decir: «Con Cristo estamos juntamente crucificados», han dado el primer paso para desterrar el egoísmo que, a través de la historia, es el mal que ha causado más problemas en las familias. Además, también han dado un paso vital hacia la respuesta de la pregunta «¿Con quién me casaré?».

Si aún eres soltero y deseas hallar un compañero para la vida, piensa en uno con quien puedas decir: «Con Cristo estamos juntamente crucificados». De esa manera, podrás continuar: «Y ya no vivimos nosotros, mas Cristo vive en nosotros». Al llegar a este punto, habrá una gloriosa esperanza para la pareja, un futuro maravilloso. Ya no será el egoísmo lo que domine la situación, sino Jesucristo, el mismo que tomó forma humana para poder morar después en el corazón del hombre cuando este hace su decisión de fe.

PASIONAL Y SOBRENATURAL

Cuando el Señor Jesús es la tercera persona que compone el triángulo perfecto en la pareja, el amor divino empieza a inundar los corazones. Sin embargo, cuando Jesucristo no ocupa el centro, el egoísmo se impone y predominan las pasiones carnales y turbias, las relaciones con nerviosismo y la inseguridad. Por eso debemos tener en mente las palabras que Dios pusiera en boca del apóstol San Pablo:

> Dios ha derramado su amor en nuestro corazón por el Espíritu Santo que nos ha dado.
>
> **Romanos 5:5**, NVI

Cuando los dos podemos decir (como en el caso de mi esposa y yo) el texto de Gálatas 2:20 en plural, también podemos afirmar que el amor de Dios se ha derramado en nuestros corazones. Como consecuencia, ese amor divino que llena nuestro ser hace que nos amemos de manera sobrenatural.

Hay que reconocer que el amor del que casi siempre se habla en películas y libros románticos corrientes, es un amor *pasional* por completo. Sin embargo, este amor divino, el amor que produce verdadera unidad de corazones, es un amor *sobrenatural*. En realidad, es el amor de Dios actuando en nosotros, fluyendo de nuestro ser y yendo hacia los demás y, por cierto, en forma muy especial hacia mi compañero.

7

Unión y comunión

El hombre se creó para vivir en sociedad. El ser humano necesita unión y comunión; no lo crearon para estar solo, como un barco flotando en el océano de la vida, sin timón ni orientación. Dios hizo al hombre y a la mujer para que experimentaran la indescriptible alegría de la unión y la comunión en el matrimonio. La *comunión*, una palabra muy usada en círculos cristianos, no es otra cosa que el intercambio de ideas, de pensamientos y de corazón.

Todo el mundo desea hallar a alguien a quien decirle lo que uno siente, sueña y ambiciona. Dios instituyó el matrimonio para que fuera así. Ya sea que aún te estés preguntando «¿Con quién me casaré?» o que hayas encontrado a tu pareja, debes saber que en el matrimonio uno puede llegar a expresar todos los sentimientos. El matrimonio es la fusión de dos mentes y dos corazones, dos sueños de ser felices. La pareja debe expresarlo todo, aun lo que no sea fácil. Esto ocurre en un proceso de crecimiento y maduración. Requiere tiempo y esfuerzo de ambos.

EL AMOR, UN SENTIMIENTO QUE HAY QUE APRENDER

Es maravilloso ver un matrimonio unido, donde no hay secretos del uno para el otro. Aun así, esa unidad debe darse a todo nivel. Por eso les decimos tantas veces a los jóvenes que el simple emocionalismo no es amor. Lo que nos atrae hacia el sexo opuesto no significa que, de hecho, dará como resultado un hogar feliz. El ser humano necesita vivir en unión y comunión. Es bueno que recordemos las palabras del apóstol en Hebreos 10:24 (RV-60):

> Considerémonos unos a otros para estimularnos al amor y a las buenas obras.

El amor no brota en forma espontánea; hay que cultivarlo y estimularlo. Somos un género caído en pecado, y por eso el amor no siempre surge con naturalidad en la relación matrimonial. Hay quienes dicen que en su pareja «murió el amor». No está muerto. Está dormido porque han dejado de «regarlo» y han dejado de cultivar la comunión.

Cabe citar aquí ese pasaje que dice:

> Si afirmamos que tenemos comunión con él [Dios], pero vivimos en la oscuridad, mentimos y no ponemos en práctica la verdad. Pero si vivimos en la luz, así como él está en la luz, tenemos comunión unos con otros, y la sangre de su Hijo Jesucristo nos limpia de todo pecado.
>
> **1 Juan 1:6-7**, NVI

Por naturaleza, el ser humano no ama. Soñamos con el amor, pero practicamos el odio, el desprecio y la crítica. ¡Hay tanto rencor en nuestro mundo! Sin embargo, Cristo vino a la tierra para renovar la unión y la comunión, y para hacer posible una plena relación entre los seres humanos, en particular dentro del matrimonio.

A TODO NIVEL

La unión y la comunión de las que hablamos son posibles. Ahora bien, es importante tener en cuenta que para casarse uno debe buscar unidad a todo nivel.

En primer lugar, tiene que haber unión y comunión *espiritual*. Para ello es imprescindible que los dos tengan a Cristo en el corazón. De lo contrario, no puede existir la comunión en el terreno espiritual. No hay vida espiritual en quienes no han aceptado al Señor Jesús como Salvador. No puede haber unión y comunión en el hogar si primero no se ha experimentado lo mismo con Dios. La verdadera intimidad comienza con unidad espiritual en Cristo, la cual une después a la pareja en todos los aspectos de la vida. Lee con detenimiento la siguiente porción bíblica:

> Recuerden que en ese entonces ustedes estaban separados de Cristo, excluidos de la ciudadanía de Israel y ajenos a los pactos de la promesa, sin esperanza y sin Dios en el mundo. Pero ahora en Cristo Jesús, a ustedes que antes estaban lejos, Dios los ha acercado mediante la sangre de Cristo. Porque Cristo es nuestra paz: de los dos pueblos ha hecho uno solo, derribando mediante su sacrificio el muro de enemistad que nos separaba, pues anuló la ley con sus mandamientos y requisitos. Esto lo hizo para crear en sí mismo de los dos pueblos una nueva humanidad al hacer la paz.
>
> **Efesios 2:12-15,** NVI

En segundo lugar, la unión tiene que ser *intelectual*. Ambos debieran tener un desarrollo similar en el terreno del intelecto. Muy a menudo en el fervor de la juventud queremos dejar de lado las diferencias, y a veces los abismos, en cuanto a cultura y educación. Sin embargo, a medida que pasa el tiempo comenzarán y aumentarán los tropiezos, las dificultades y las luchas. Uno se avergonzará del otro, y el otro se sentirá herido. Hay miles de parejas que se han divorciado porque no tomaron en cuenta el principio de la unidad intelectual.

En tercer lugar, cuando pienses en la persona con quien te vas a casar, ten en cuenta que la unión matrimonial debe darse también en el ámbito *social*. Debe haber similitudes en el roce social, en las costumbres de ambos. Por cierto, es posible desarrollar estas costumbres, pero las grandes diferencias sociales entre los cónyuges, a la larga, producirán tensiones. Yo he aconsejado a cientos de parejas cristianas, sinceras, con ambiciones nobles, pero a la vez con tremendas luchas, porque no había unidad en el aspecto social.

En cuarto lugar, tiene que haber unidad a escala *emocional*, o sea, en el grado de madurez mutua. Por esa razón es aconsejable que no existan diferencias de edad demasiado marcadas. De lo contrario, muy a menudo se originarán luchas porque uno será mucho menos maduro que el otro, donde el más maduro perderá la paciencia y las divergencias resultarán en tristezas y dificultades.

En quinto lugar, los jóvenes deben considerar la importancia de la unidad *vocacional*. Ambos tienen que entender con claridad cuál va a ser el propósito de su vida juntos. ¿Qué objetivos tiene cada uno? Si uno quiere ser misionero y el otro desea una vida fácil y cómoda, no habrá compatibilidad. Si uno quiere ser pastor y el otro no siente amor por el pastorado, es inútil que siga el noviazgo, ya que las metas son disímiles.

Por último, la unión en el matrimonio llegará a ser *física*. Los jóvenes deben comprender el valor y lo sagrado de la relación sexual, que es un medio de comunión. Un amigo cristiano maduro, ya casado, podrá ofrecer consejos muy valiosos sobre el vital aspecto de la intimidad conyugal. No debemos despreciar la opinión de personas responsables y de confianza; aunque no comprendamos todas sus ideas, el intercambio será saludable.

Es muy beneficioso entablar amistad con personas casadas y felices que puedan hablar con la autoridad de una vida limpia a los ojos de Dios:

> Obedezcan a sus guías espirituales, y sométanse a ellos, porque su trabajo es velar por las almas de ustedes, y a Dios han de dar cuentas de esto. Permítanles dar cuentas de ustedes con alegría y no con tristeza, porque si no, ustedes también sufrirán.
>
> **Hebreos 13:17**

En el asunto del noviazgo y el matrimonio es invaluable el consejo y la «comunión» de los pastores y los líderes espirituales. Además, la buena literatura será fundamental. Los buenos libros son excelentes consejeros.

Sin embargo, por sobre todas las cosas, lee la Biblia a diario, y así tendrás momentos de comunión con tu Creador. Él nos dejó su Palabra, «para capacitarnos plenamente para hacer el bien» (2 Timoteo 3:17).

¿con quién me casaré?

8

Mientras esperas

APRENDE A ESPERAR

Cuando uno comienza a pensar seriamente en el matrimonio, debe considerar todos los aspectos. Quiero enfatizar uno que, para mí, es de gran importancia: el apresuramiento. No te apresures en esta trascendente decisión de la vida.

Hay miles de hogares y familias cristianas aburridas de la vida. O quizá tengan otro tipo de problemas porque los esposos se apuraron en casarse. Tal vez fueran demasiado jóvenes cuando empezaron la relación y, luego, no quisieron esperar lo suficiente para ir al altar. Llegan a los treinta y cinco o cuarenta años y ya no saben de qué conversar; están cansados el uno del otro. Se casaron siendo muy jóvenes y no han sabido marchar hacia adelante con una actitud positiva.

Por supuesto, el simple hecho de casarse a temprana edad no tiene por qué traer como resultado un hogar aburrido ni serias dificultades entre esposos. Ambos pueden madurar, crecer juntos, seguir adelante, y la vida puede ser un deleite hasta la ancianidad. Sin embargo, el apuro en casarse, puede ocasionar problemas a la larga.

Es bueno recordar que, como ya lo hemos mencionado, el apuro es a menudo un impulso sexual. El amor sabe esperar.

CONOCERSE, COMPRENDERSE, CONFIARSE

El primer paso para llegar al verdadero amor es *conocerse el uno al otro*. De no ser así, ese amor solo será romántico y superficial. Es obvio que la nariz bonita, el cabello sedoso y el caminar grácil no garantizan un hogar feliz (aunque, por supuesto, uno debe sentirse atraído hacia la otra persona). Es preciso llegar a conocerse el uno al otro, conocer los diferentes estados de ánimo, la manera de pensar, interiorizarse en la educación y los gustos del otro; saber qué es lo que piensa en cuanto a la relación con Dios, la cantidad de hijos, etc. Y también será bueno conocer a la familia del futuro compañero de la vida.

Es verdad que después de casados es cuando más uno llega a conocer al otro, pero el proceso debe comenzar antes de la boda.

Además, hay que *comprenderse el uno al otro*. No es cuestión de decir: «En cuanto lo vi, me enamoré y a las tres semanas me casé». Es muy factible que un matrimonio con ese fundamento termine en fracaso o en el enfriamiento de las relaciones. Hay que conocer la manera de pensar y de actuar de la otra parte, estudiar sus reacciones, su razonamiento, y tratar de comprenderlo. La Biblia nos dice:

> La sabiduría es lo primero. ¡Adquiere sabiduría! Por sobre todas las cosas, adquiere discernimiento.
>
> **Proverbios 4:7**, NVI

El conocimiento y la sabiduría no son sinónimos. El mundo está lleno de conocimiento científico, pero hay una gran escasez de sabiduría. Comprenderse mutuamente es ser sabio.

En tercer lugar, es preciso *confiarse el uno del otro*. Cuando no hay confianza sino sospechas, celos, inseguridad, ansiedad y dudas, es señal de que la relación está mal encaminada. Muchas veces esa actitud de celos termina en violencia o bien en el final de la amistad. Cuando en una pareja no existe confianza mutua, es señal de que en su lugar existe lo que la Biblia llama una relación «en la carne». Esto no se refiere al aspecto sexual, sino al ser humano sin el control interno de Cristo.

Cuando no hay confianza en la pareja, es porque uno, el otro o ambos no están caminando bajo la dirección del Espíritu Santo de Dios. Es también indicación de que esa relación no está dentro del plan de Dios. La Biblia declara:

67

En el amor no hay temor.
1 Juan 4:18, RV-60

La persona que ha recibido el perdón de sus pecados, no tiene temor de Dios en cuanto al juicio divino, porque el amor de Dios ha inundado su corazón. De la misma manera, cuando hay verdadero amor entre novios y esposos, no habrá temores ni sospechas, sino confianza absoluta.

MIENTRAS ESPERAS...

En líneas generales, podemos afirmar que *Dios ha preparado un compañero para ti*. Es solo con respecto a una minoría que el matrimonio no está en el plan divino. En ese caso, Él tiene otro plan muy especial para la vida. Así que mientras buscas y esperas que llegue la persona que Dios tiene preparada, aprovecha y redime el tiempo.

Prepárate de manera intelectual. Dedica tiempo al estudio. Cuando uno lee en serio, estudia e investiga, la mente crece y se desarrolla. La persona crece. Entonces, crece y conviértete en un verdadero hombre, una verdadera mujer, a fin de poder contribuir al matrimonio con cosas positivas. Sé un estudiante toda tu vida.

Aprovecha la vida para ganar experiencias. Camina hacia la madurez. Prepárate para llegar al matrimonio con una personalidad que contribuya al amor y a la comprensión. ¿De qué sirve que un joven se case cuando solo posee capacidades biológicas? Aprovecha bien tu tiempo mientras eres soltero. Gana experiencias cada día. Dedica tiempo a viajar, a ir a campamentos, a retiros y a conferencias, a entablar nuevas amistades. De esa manera, cuando por fin encuentres a tu otra mitad, tendrás mucho que disfrutar en los años venideros.

Organízate en cuanto a las finanzas, que es un aspecto vital. Más aun cuando se piensa en una familia. «Contigo pan y cebolla», dicen algunos. «Amor, pan y agua», dicen otros, y son sinceros al decirlo. Sin embargo, para vivir se necesita más que eso. Son muchos los que han derramado lágrimas de frustración al comprobar que esas frases eran muy idealistas. Sé responsable con el dinero, o podrás malograr toda tu vida. Tu actitud en este aspecto revela tu carácter. Disciplina tu vida económica y observa la actitud de tu compañero. Cuando se comprometan, confeccionen un presupuesto para la vida de casados: cuánto ganarán, cuánto gastarán, qué van a necesitar, etc. Esta cuestión no debe descuidarse. Es recomendable organizarse desde ahora, ya que la vida familiar requiere mucha disciplina.

Mientras esperas que llegue a tu vida «esa persona», deléitate en el Señor Jesús, tu Dios. El salmista David nos ha dejado palabras que una vez tras otra le repito a la juventud. Este fue uno de los pasajes clave en mi vida personal, y podría serlo en la tuya:

> Confía en Jehová, y haz el bien; y habitarás en la tierra, y te apacentarás de la verdad. Deléitate asimismo en Jehová, y él te concederá las peticiones de tu corazón. Encomienda a Jehová tu camino, y confía en él; y él hará.
>
> **Salmo 37:3-5, RV-60**

Si te deleitas en Dios cada día, si te deleitas en tus devocionales diarios, leyendo la Biblia, orando y obedeciéndole con alegría, la Biblia dice que «él te concederá las peticiones de tu corazón».

Deléitate en el Señor... Dios hace la promesa a la gente joven que confía en Él. ¿No es maravilloso?

Hay muchos jóvenes que tienen una idea extraña acerca de Dios. Hay quienes dicen: «Si le encomiendo a Dios este asunto del matrimonio, quizá me dé una persona aburrida. O tal vez me envíe un muy buen cristiano, pero de aspecto desagradable».

¿Estás tú entre los que piensan de esta manera? ¿Hay algún amigo tuyo en esta situación? ¿Te causa gracia? Debes saber entonces que hay muchos convencidos de que Dios les dará la peor persona en lugar de darles la mejor. ¡Qué extraños somos! Ese es el resultado de nuestra naturaleza pecadora.

Querido amigo, no te apresures en esta decisión tan crucial. Aprovecha al máximo todos tus días, meses y años, y deléitate en el Señor. Si lo haces, Él promete darte el joven o la chica que necesitas. Ni más ni menos de lo que necesitas. A veces creemos saber la clase de compañero que necesitamos. Sin embargo, Dios es nuestro Creador; Él nos hizo y sabe a la perfección lo que es mejor y más conveniente para cada uno.

Así que deléitate en el Señor mientras esperas. Deja que Él controle tu vida. Habla con Él en cualquier circunstancia en que te encuentres. Alábalo en todo. Sirve y evangeliza a otros. Obedécele con alegría. Dios, entonces, te concederá los deseos de tu corazón. Si caminas a su lado, si pones tu deleite en Él, ten por seguro que tendrás un hogar feliz; ten por cierto que tendrás el matrimonio que soñaste. Tendrás un futuro maravilloso porque Dios es tu Dios y la vida con Cristo es grandiosa.

Querido amigo, no te apresures tan esta
decisión tan crudel. Aprovecha al máximo aque-
llos días, meses y años y deléitate en el Señor. Si
lo haces, El promete darte el deseo de tu corazón,
necesitas. El más profundo de lo que necesitas.
A veces creemos saber lo que de verdad
que necesitamos. Sin embargo, Dios el nuestro
(Creador) El nos mejor sabe a la perfección lo que
es mejor y más conveniente para cada uno.

Así que deléitate en el Señor mientras esperas. Deja que El controle tu vida. Habla con El
en cualquier circunstancia en que te encuentres.
Vívelo en todo. Sírve y exalta su nombre. Obedece cada una a Dios, busca su voluntad, ten
fe y estate de corazón. Si confías en todas sus
promesas palabras en El, ten por seguro que algún
día a su hora llegarán por tanto que no espera
lo mejor para sus hijos. Puede ser la futura
mano del marido o esposa. Que es tu Dios, lleva las
cargas de tu presente.

¿con quién me casaré?

9

Una vida nueva

Un consejero cristiano me confesó que, de acuerdo con su experiencia, los problemas matrimoniales podrían dividirse en tres categorías:

- **No dejar a los padres**
- **No unirse al compañero**
- **No desarrollar una relación de unidad**

Moisés (en Génesis), el Señor Jesús (en los Evangelios) y, luego, el apóstol Pablo (en sus epístolas) usan esos mismos conceptos para describir el ideal de Dios en el matrimonio: «El hombre dejará a su padre y a su madre y se unirá a la mujer con quien se casa para poder ser una sola carne». El matrimonio incluye dejar a los padres y unirse al cónyuge. Es una unión total, íntima y excluyente entre un hombre y su mujer.

El casamiento es en verdad una nueva vida. El hombre y la mujer que contraen matrimonio dejan atrás una etapa de su existencia y comienzan otra distinta por completo. Es el comienzo de un nuevo día. «Será una sola (y nueva) carne».

No es cuestión de que el hombre diga: «Bueno, voy a dejar el cincuenta por ciento de las cosas que no le agradan a mi esposa».

Tampoco es cuestión de que la mujer diga: «Yo voy a dejar el cincuenta por ciento de lo que no le gusta a mi esposo. Y entre los dos llegaremos a un acuerdo satisfactorio».

Las cosas no son así. Ambos deben considerar el matrimonio en términos de morir a los deseos y las ambiciones propias, vivir una nueva vida y transformarse en una nueva persona. La Biblia enseña que el hombre y la mujer son una sola cosa, algo nuevo, desde el momento en que se casan. Esto no es un ideal ni una ilusión; es la realidad tal como la presenta Dios.

EL MISMO, PERO NUEVO...

Pensemos en un hombre pagano, sin interés en las cosas de Dios, que vive una vida más o menos normal en términos humanos. Un día, oye el mensaje de Jesucristo y se convierte a Él, no a una religión, sino a Cristo mismo. Desde ese momento, el hombre comienza a vivir una nueva vida. Por un lado es el mismo hombre de siempre, pero en otro sentido es un hombre nuevo por completo. Antes de convertirse vagaba por la vida sin Dios, sin Cristo y sin esperanza (Efesios 2:12).

Entonces, cuando el Señor Jesús entra en su vida, Dios vive en su corazón y el hombre se transforma en prácticamente un desconocido para quienes eran sus amigos. La diferencia está en que ahora tiene a Dios en su alma.

En muchos aspectos el matrimonio es como la conversión. El hombre y la mujer son los mismos, pero hay una diferencia tremenda. Alguien ha entrado en cada una de las vidas. Es una unión íntima, misteriosa y mística.

COMPLEMENTO RECÍPROCO

El egoísmo es uno de los males que destruyen a las familias. La Biblia nos enseña que Dios nos creó para que nos complementemos de manera mutua:

> Jehová Dios dijo: «No es bueno que el hombre esté solo. Le voy a hacer una compañera que sea de ayuda para él en todas sus necesidades».
> **Génesis 2:18**

Al hombre lo crearon para la mujer, y a la mujer para el hombre. Dios nos hizo para que fuéramos un complemento recíproco. El esposo sin la esposa está incompleto, y lo mismo sucede con la esposa sin su marido. Cada uno tiene debilidades, faltas y necesidades que solo puede solucionar el otro, y vacíos que solo puede llenar el otro.

EL SELLO SEXUAL

Por otra parte, el casamiento queda sellado en la relación sexual, sagrada y maravillosa como es. Por esa razón, el sexo fuera del matrimonio es una incongruencia, algo que carece de significado y se convierte en degradante. La unión sexual es expresión y símbolo del misterio de la unidad de dos personas al más íntimo nivel. Esa unión multifacética solo se da en el matrimonio cristiano, donde el acto matrimonial sella de manera vívida, mística y profunda la unión que Dios crea en la pareja. Creo que, aunque abiertamente lo nieguen, muchos de los que sostienen relaciones sexuales fuera del matrimonio se sienten culpables, manchados e insatisfechos, porque están negando una unión que debe producirse a todo nivel.

«Los dos llegan a ser una sola persona», dijo Dios (Génesis 2:24). ¡Qué frase tan cargada de significado!

QUÍTATE LA MÁSCARA

En una ocasión me vino a ver un caballero con un gran problema en su hogar. Llevaba varios años de casado, tenía hijos, pero estaba ante un gran conflicto con su esposa. Cuando vino a conversar conmigo, parecía al borde del llanto.

Era un hombre culto, de buena posición, y me confesó:

—Ya no puedo seguir junto a mi esposa.

Le hice una serie de preguntas para descubrir el fondo de su problema, hasta que al fin admitió:

—La mujer con la que vivo ahora no es la mujer con quien me casé.

—¿Qué quiere decir? —le pregunté.

—No me malinterprete. Es la misma mujer, pero una cosa era ella cuando éramos novios, y otra muy distinta ahora que estamos casados. Si hubiera sabido sobre ella lo que sé ahora, jamás me hubiera casado.

Es lamentable, pero no era el único hombre en el mundo con ese problema. Hay millones en la misma situación, y quizá haya más mujeres que hombres. Muchas esposas vienen a consultarnos su situación y admiten: «Mi esposo cambió de la noche a la mañana».

Incluso hay casos en que el mismo día de la boda, el novio romántico, considerado, gentil y paciente, se transforma en un esposo violento, desconsiderado y autoritario. La flamante esposa, entonces, queda destrozada y asustada ante tamaño descubrimiento.

Uno de los problemas es que el ser humano *finge ser lo que no es*. Vivimos con una máscara puesta que cubre lo que somos en realidad. Antes de llegar al matrimonio, los novios y las novias deben arrancarse las máscaras y dejar a un lado las apariencias. Debieran hacerlo desde el primer día y descubrir el alma tal cual es. Existe el mito de que no es de hombres mostrar debilidades, y que se debe usar una máscara para esconder los verdaderos sentimientos. ¡Totalmente falso!

Es necesario ser honestos, sinceros, abiertos y transparentes. Si fingimos ser lo que por cierto no somos, estamos mintiendo de manera descarada. Tengámoslo presente.

> Antes bien renunciamos a lo oculto y vergonzoso, no andando con astucia, ni adulterando la palabra de Dios, sino por la manifestación de la verdad recomendándonos a toda conciencia humana delante de Dios.
>
> **2 Corintios 4:2**, RV-60

Tu noviazgo y tu matrimonio serán experiencias fantásticas si hoy mismo resuelves, de una vez y para siempre, que ya no tendrás cosas que esconder. Será un gran alivio, una tranquilidad de conciencia. Al dejar hipocresías y falsedades sutiles, el alma se sentirá liberada y empezarás a convertirte en lo que debes ser.

EL COMIENZO DE UNA VIDA FELIZ

El acto de quitarse la máscara se asemeja al nuevo nacimiento. Cuando el ser humano admite que es pecador, reconoce que su vida es un fracaso, que no ha alcanzado sus ideales y mucho menos los ideales de Dios; cuando arrepentido recibe a Cristo en el corazón, es una nueva criatura. El arrepentimiento implica, precisamente, que el individuo se quita las máscaras, deja de lado las apariencias y desnuda su alma delante de Dios. En ese momento, Dios lo perdona y la persona *nace de nuevo* (Juan 3:5) y comienza una nueva vida.

Lo mismo sucede cuando se quita su máscara ante el cónyuge o novio. Una vez que da este paso crucial, una vez que ambos deciden ser sinceros el uno con el otro, entonces empieza la verdadera felicidad. La mayoría de nosotros vive ocultando cosas que no queremos dar a conocer. No andemos con astucia; manifestemos la verdad. El hecho de ser francos y sinceros es uno de los grandes secretos para afirmar un noviazgo y echar cimientos sólidos para un hogar cristiano feliz.

Comienza dando el primer paso. Debes nacer de nuevo, recibiendo a Cristo y despojándote de toda apariencia ante Dios. No obstante, si ya has renacido, vive una vida transparente, sin nada que ocultar.

El pasaje de 2 Corintios dice que no debemos adulterar la Palabra de Dios. La Biblia no debe usarse para manipular al novio ni a la esposa. Tenemos que andar «por la manifestación de la verdad». Así nos hizo Dios, para ser libres, pero la libertad en el matrimonio no se conoce, como tampoco se conoce en lo personal, hasta que decidimos vivir «en la verdad».

Quiera Dios que este sencillo pensamiento pueda ser el comienzo de una nueva vida. Si eres cristiano, una nueva vida en el noviazgo o el matrimonio.

Recuérdalo, quítate la máscara y deja que Cristo gobierne tu interior.

10

Papeles en el matrimonio

IGUAL DIGNIDAD Y DERECHOS

San Agustín dijo una vez: «Si la intención de Dios hubiera sido que la mujer gobernara al hombre, la hubiera tomado de su cabeza. Si hubiera querido que fuera su esclava, la hubiera tomado de sus pies. Sin embargo, Dios formó a la mujer del costado del hombre porque la hizo su compañera idónea».

La Biblia enseña que el esposo debe confiar en su esposa y la esposa debe descansar en su esposo como líder espiritual del hogar. Esto no implica inferioridades de ningún tipo. A los ojos de Dios, el hombre y la mujer están a un mismo nivel.

> Ya no hay judío ni griego, esclavo ni libre, hombre ni mujer, sino que todos ustedes son uno solo en Cristo Jesús.
> **Gálatas 3:28, NVI**

Si bien existe un orden divino para la familia, ambos deben estar a un mismo nivel ante Dios y ante el mundo. El mismo respeto, las mismas libertades y los mismos privilegios. Ciertas responsabilidades varían, pero la dignidad es la misma.

Hay sociedades donde se especula con la idea de que al hombre se le permiten ciertas libertades, mientras que le están vedadas a la mujer. Nada más lejos de la realidad. El hombre y la mujer deben tener iguales derechos.

En culturas donde no se siguen los lineamentos cristianos, o donde no llega su influencia, a la mujer se le considera un ser inferior. No obstante, según la Biblia, ella debe compartir toda responsabilidad y todo privilegio.

Es muy importante recalcar que solo la Biblia ha elevado el matrimonio al nivel sagrado. Cuando el Hijo de Dios se hizo hombre y murió en la cruz para llevar nuestros pecados sobre sí (1 Pedro 2:24), perdonó nuestros pecados y elevó nuestra condición. Cristo no solo murió para salvar al individuo, sino también para elevar el matrimonio, la familia y la nación. Dios nos ama. Ama a todas las personas en todas las circunstancias. Dios eleva, restaura y completa al individuo y a su familia.

Ahora bien, para alcanzar la meta de un hogar feliz, hay que tener en claro los papeles dentro del matrimonio. Si bien existe la posibilidad de adaptación y maduración en la pareja, existe también el peligro de no alcanzar esa felicidad soñada. Yo he sido testigo de millares de parejas con tensiones, problemas y luchas internas, aunque quizá esto no les resultaba evidente a los demás. La razón de tales dificultades es que los esposos confunden sus papeles en la familia.

Hay un orden establecido para el matrimonio. Es un orden divino y, por lo tanto, el mejor que podemos adoptar. Si eres casado y vives en constantes roces y tensión con tu cónyuge; si eres soltero y estás pensando en formar un hogar con la persona de tus sueños, déjame decirte lo importante que es vivir de acuerdo con el orden de Dios para la familia.

Lee Efesios 5, 1 Corintios 7, el libro de los Cantares de Salomón y también todo el libro de Proverbios. Hay allí suficiente material para levantar, dar nueva vida y reverdecer a cualquier familia, llenándola de fruto.

EL ESPOSO EN EL ORDEN DIVINO

De acuerdo con el plan de Dios, el esposo tiene que cumplir con ciertas responsabilidades. En la familia, *él debe ser la persona amante*. Por lo general, creemos que la esposa es la fuente de amor en el hogar. La Biblia enseña que ese concepto exclusivista del amor está fuera de orden. Aunque es cierto que la mujer es un ser amante, tierno y dulce, y también es cierto que debe practicar esas cualidades, el hombre es el que debe tomar la iniciativa del amor dentro del matrimonio. El hombre es el que puede implantar en la familia el ambiente afectuoso del amor.

Conviene analizar con detenimiento un pasaje bíblico sobre el tema:

> Los esposos, por su parte, deben mostrar a sus esposas el mismo amor que Cristo mostró a su iglesia. Cristo murió para hacer de ella una iglesia santa y limpia (lavada en el bautismo y en la Palabra de Dios), y presentársela a sí mismo gloriosa, sin manchas, ni arrugas ni nada semejante, sino santa e inmaculada. Así deben amar los esposos a sus esposas, como partes de su cuerpo. Porque si la esposa y el esposo son uno, ¡el hombre que ama a su esposa se ama a sí mismo! Nadie aborrece su propio cuerpo; antes bien, lo sustenta y lo cuida con esmero. Cristo hace lo mismo con ese cuerpo suyo del que formamos parte, la iglesia.
>
> **Efesios 5:25-30**

En el matrimonio, el amor no es una opción; es la base, es el fundamento, es el aceite que lo mantiene funcionando con suavidad. El amor no es algo ideal, sino real, y se controla a través de ciertas leyes y mandamientos divinos.

El amor es sacrificio voluntario. El amor es dedicación de tiempo. El amor es preocuparse por el bienestar de la pareja. El amor es no hacer demandas egoístas. Muchos hombres durante años siguen prendidos a las faldas de su madre, y requieren de sus esposas lo que un niño de su mamá. Sin embargo, el marido que ama de verdad a su mujer, piensa en el bien de ella, en qué cosas puede hacer para aliviar su trabajo y hacerla más feliz. En la felicidad de ella está también la felicidad de él, y viceversa.

La mujer debe ser la reina y la gloria del hogar. ¡Qué alegría proporcionará un ramo de flores de vez en cuando, o un pequeño regalito, por humilde que sea! Cuando hay un espíritu altruista, el espíritu que nace del amor que Dios derrama en el corazón, hay una profunda satisfacción y un gozo interior. Recordemos de nuevo las palabras del apóstol Pablo:

> Dios ha derramado su amor en nuestro corazón por el Espíritu Santo que nos ha dado.
> **Romanos 5:5, NVI**

Muéstrale que la amas; cuídala, susténtala y llénala de favores. Sin embargo, comienza en el noviazgo que es el preludio del matrimonio. Es en esa relación de amor donde se revela el amor de Dios que se ha derramado en nuestros corazones.

El esposo debe ser el proveedor de la familia. Dentro del plan divino, el hombre debe ser el proveedor. Esto también se reconoce en el plano humano y secular.

> Al hombre le dijo: «Por cuanto le hiciste caso a tu mujer, y comiste del árbol del que te prohibí comer, ¡maldita será la tierra por tu culpa! Con penosos trabajos comerás de ella todos los días de tu vida. La tierra te producirá cardos y espinas, y comerás hierbas silvestres. Te ganarás el pan con el sudor de tu frente, hasta que vuelvas a la misma tierra de la cual fuiste sacado. Porque polvo eres, y al polvo volverás».
>
> **Génesis 3:17-19**, NVI

El esposo debe sudar con su frente. En líneas generales, el hombre es el que debe preocuparse por el bienestar físico de la familia, la alimentación, el vestido y la casa. Por supuesto que hay excepciones a la regla. En nuestra sociedad, muchas veces el marido y la mujer tienen que salir a trabajar a fin de poder sostener a la familia. Esto no siempre es lo ideal. Otras veces la mujer trabaja fuera solo por ambición desmedida o por comodidad. Tiene que haber equilibrio. Los esposos deben conversar y ponerse de acuerdo en esta cuestión. No obstante, casi siempre el hombre es el que tiene la responsabilidad y es el proveedor de los suyos.

El esposo debe ser el protector de la familia. En una de las cartas del apóstol Pablo, leemos:

> Dios y ustedes me son testigos de que nos comportamos con ustedes los creyentes en una forma santa, justa e irreprochable. Saben también que a cada uno de ustedes lo hemos tratado como trata un padre a sus propios hijos.
> **1 Tesalonicenses 2:10-11**

¡Cuántas veces nosotros, los hombres, delegamos en la mujer esta tarea de protección! Hacemos mal. El esposo debe ser el protector de la esposa y de los hijos. Es una función vital dentro del hogar.

El esposo debe ser la cabeza del hogar. El matrimonio implica bellos privilegios, pero también compromisos irrenunciables. Cuando se casa, el hombre se convierte en cabeza de ese hogar. No debe esperarse que la esposa esté a cargo de todas las obligaciones. Ser «cabeza» significa que el hombre debe asumir la responsabilidad de la enseñanza espiritual, de la toma de las grandes decisiones en la familia, de impartir disciplina y también alegría.

Dios sabe que una familia funciona mejor cuando hay un líder. Por eso puso sobre el hombre esa responsabilidad, pero para que la lleve a cabo con amor. Hay veces en que mi esposa toma mejores decisiones que yo, desde el punto de vista racional. Sin embargo, ella descansa en mí para las decisiones finales en nuestro hogar; pero yo a mi vez, descanso en su palabra de consejo. Nos complementamos el uno al otro. Una buena cabeza del hogar reconoce la importancia del papel de la esposa.

LA ESPOSA EN EL ORDEN DIVINO

Honren a Cristo sometiéndose unos a otros. Las mujeres sométanse a sus esposos al igual que se someten al Señor, porque el esposo es cabeza de la esposa, de la misma manera que Cristo es cabeza de ese cuerpo suyo que es la iglesia (¡para salvarla y cuidarla dio la vida!). Así que las esposas deben obedecer en todo a sus esposos, así como la iglesia obedece a Cristo.

Efesios 5:21-24

La esposa es la persona amada. Hay ciertas funciones privativas de la esposa. Es la persona amada, así que debe aceptar con alegría el cariño y las expresiones de afecto de su esposo. Del mismo modo que son necesarios dos polos para que se genere electricidad, el matrimonio también requiere dos polos; uno solo no basta, aunque sea el positivo. Cuando una mujer se siente amada, desea brindarse por entero a su esposo y a su familia.

La esposa debe ser compañera de su marido. Desde el comienzo del noviazgo, ella debiera interesarse en lo que le agrada a su novio. Debe prepararse para ser una compañera fiel, comprensiva, con quien se pueda compartirlo todo y en quien se pueda confiar de manera total.

La esposa es la que «hace» el hogar. Cuando un hombre pierde a su esposa, pareciera que muriera la casa. Una casa sin la mujer no es un hogar. La esposa tiene la responsabilidad de que el ambiente familiar sea positivo, afectuoso y feliz. Es el «alma» de la casa, y tiene que velar por ello.

La esposa será la madre de los hijos. Quizá te parezca una afirmación infantil, pero quiero enfatizarlo de igual manera, sobre todo en este tiempo en que tanto se aboga por la liberación de la mujer. La esposa, como madre, tiene que alimentar, cuidar, guiar, preparar y moldear a la criatura, y tiene que hacerlo con alegría. Cuando entiende que esa es su función, no habrá rebeldía, sino gozo en el corazón. Una madre cristiana fiel e inteligente puede transformar al mundo a través de la vida de su hijo a quien guía cada día con tanto amor.

SÍMBOLO DE CRISTO Y SU IGLESIA

[El que el esposo y la esposa son un cuerpo lo afirman las Escrituras: «El hombre dejará a su padre y a su madre y se unirá a la mujer con quien se casa, para poder ser una sola carne».] Sé que esto es difícil de entender; pero ilustra la manera en que somos partes del cuerpo de Cristo. Así que, repito, el esposo debe amar a su esposa como parte de sí mismo; y la esposa debe tratar de respetar a su esposo, obedeciéndolo, alabándolo y honrándolo.

Efesios 5:31-33

El noviazgo y el matrimonio son símbolos de Cristo y su iglesia, quienes revelan el ideal de amor entre un hombre y una mujer. Esto hace que el noviazgo y el matrimonio se eleven a un nivel supremo. El joven debe ser consciente de que él, como novio o como esposo, es símbolo de Cristo a los ojos de Dios. ¿Qué te parece la idea, ya seas soltero o casado? ¡Qué responsabilidad tan grande es pensar que somos símbolos de nuestro Señor Jesucristo en la relación con nuestra novia o esposa! Demostramos el amor de Cristo en la forma en que la tratamos y buscamos su bien.

Amable lector, espero que tu corazón esté lleno del amor del Señor. A pesar de eso, si aún no has recibido a Cristo en tu vida, recíbelo ahora mismo. Al hacerlo, Dios enviará al Espíritu Santo a tu ser, y empezarás a amar con pureza, de una manera asombrosa; y comenzarás a caminar por el camino hacia un matrimonio feliz... para la gloria de Dios.

¿con quién me casaré?

11

Sexualmente fiel y puro

Hay tres ingredientes esenciales para todo noviazgo y matrimonio de acuerdo con el plan de Dios: amor, confianza y fidelidad.

LA FIDELIDAD EN LA PAREJA

Hace tiempo una jovencita habló con una amiga de mi esposa y le confesó: «Yo no quiero casarme porque no podría confiar en mi marido. Me gustaría tener un hijo; un hijo a quien amar y cuidar, pero sin el compromiso del matrimonio».

Yo mismo he conversado con muchísimos muchachos y chicas que me han dicho palabras similares porque se sentían inseguros de la fidelidad de sus novios. ¡Qué triste! Triste, pero real en nuestro mundo de hoy. Hay una gran cantidad de jóvenes y mayores que son de total falta de confianza porque *son infieles de corazón*.

Hay quienes aseguran ser cristianos y son infieles, ya que los criaron en un ambiente de infidelidad e inmoralidad. Estos jóvenes creen (y lo creen con sinceridad) que tienen el «derecho» de ser infieles en el noviazgo y en el matrimonio. En la Palabra de Dios encontramos directivas muy precisas:

> Esta es la voluntad de Dios: que sean santos y puros. Eviten por todos los medios los pecados sexuales; los cristianos deben casarse en santidad y honor, y no en pasión sensual, como lo hacen los paganos en su ignorancia de las cosas de Dios. Y esta es también la voluntad de Dios: que nadie cometa la desvergüenza de tomar la esposa de otro hombre porque, como ya solemnemente se lo había dicho, el Señor castiga con rigor este pecado. Dios no nos ha llamado a vivir en impureza sino en santidad. El que se niegue a observar estas reglas no desobedece las leyes humanas, sino las leyes de Dios, quien es el que da al Espíritu Santo.
> **1 Tesalonicenses 4:3-8**

La fidelidad para con el otro es uno de los puntales de un hogar feliz. En el plan soberano de Dios, un hombre (uno solo) y una mujer (una sola) se unen en matrimonio hasta que la muerte los separe. El Señor Jesús advirtió: «Ningún hombre debe separar lo que Dios juntó» (Mateo 19:6).

CÓMO SE VENCE LA TENTACIÓN

Vivimos en un mundo lleno de tentaciones, así que es justo preguntarnos cómo podemos ser felices para toda la vida. Es allí donde interviene el poder de Cristo. Esa es la clave.

> Todo lo puedo en Cristo que me fortalece.
> **Filipenses 4:13**, NVI

Sin embargo, ¿cómo puede Cristo darme fortaleza si yo estoy en la tierra y Él en el cielo? Sucede que «vive Cristo en mí» (Gálatas 2:20, RV-60). Por lo tanto, si «todo lo puedo en Cristo» y «vive Cristo en mí», yo tengo poder y tú tienes poder para ser fieles. Fiel sexualmente, fiel con el pensamiento, y cuanto más fiel es uno a la otra persona, más feliz es. Recordemos las palabras del Señor Jesús: «Dichosos los de limpio corazón, porque verán a Dios» (Mateo 5:8).

Por otra parte, podemos pecar sin llegar al hecho en sí. El Señor nos advierte que es posible cometer inmoralidad sexual con la codicia del corazón. ¿Acaso alguno de nosotros no ha sentido alguna vez la tentación de codiciar? De eso también debemos protegernos.

> La ley de Moisés dice: «No cometerás adulterio». Pero yo digo: Cualquiera que mira a una mujer y la codicia, comete

> adulterio con ella en el corazón. Así que si uno de tus ojos te hace codiciar, sácatelo. Mejor es que te lo saques a que seas arrojado de cuerpo entero al infierno.
> **Mateo 5:27-29**

¿Qué significa eso de sacarnos un ojo si nos es ocasión de tentación? Significa que debemos tomar drásticas medidas precautorias. El primer paso es reconocer nuestra debilidad y no pretender ser fuertes. Debemos ir a Dios de rodillas y decirle: «Señor, yo soy débil y Satanás es fuerte. Aun así, me rindo a ti y voy a permitir que me dirijas y controles mi vida porque no quiero ceder a la tentación».

Cuando en nuestra vida hubo momentos en que evitamos pensamientos impuros, codicias tontas y otras tentaciones, ¿no han sido esos momentos dichosos? Cuando hay fidelidad, no hay nubes negras entre novios y esposos, y a nosotros nos crearon para ser fieles.

LA INMORALIDAD

Si alguien es sexualmente infiel de manera constante y se llama a sí mismo «cristiano», su cristianismo hace dudar. El Señor Jesús afirmó que a los cristianos los reconocerían por sus «frutos» (Mateo 7:16). Además, hay una condenación bíblica muy precisa:

> Dios juzgará a los que cometen inmorali-
> dades sexuales y a los que cometen adul-
> terio.
>
> **Hebreos 13:4**, NTV

La inmoralidad no es algo superficial que podemos pasar por alto con facilidad. Tampoco podemos hacernos eco de la canción que dice: «Un
tropezón cualquiera da en la vida». Ese mal llamado tropezón va a costar años de infelicidad, no-
ches de desvelo y una conciencia sin paz. Si bien
es cierto que cuando hay un corazón quebrantado
Dios perdona, las consecuencias siempre se pagan.

Es triste cuando un joven llega al matrimonio
después de haber sido infiel. Esa infidelidad traerá
consigo un lastre difícil de echar a un lado. Dios
dijo:

> No se engañen ustedes; nadie puede des-
> obedecer a Dios y quedar impune. El hom-
> bre siempre recogerá lo que siembre. Si
> siembra para satisfacer los apetitos de
> su naturaleza humana, estará plantan-
> do la semilla del mal y sin duda recogerá
> como fruto corrupción y muerte. Pero si
> planta lo que agrada al Espíritu, cosecha-
> rá la vida eterna que el Espíritu Santo le
> da.
>
> **Gálatas 6:7-8**

FIEL AHORA Y SIEMPRE

Mientras esperas que llegue esa persona de tus sueños que Dios te ha preparado, toma la decisión de que, con el poder de Cristo, siempre le seas fiel. Al hacer esta resolución sentirás alegría interior, libertad, valor, nuevas fuerzas y la certeza de ser la persona que Dios quiere que seas.

La pureza de tus miradas, de tus actitudes y de tus palabras será prueba suficiente de tu amor. Tenlo en cuenta.

¿FUERA DE MODA?

Hay ciertas restricciones que son imprescindibles para que el noviazgo conduzca a un matrimonio feliz. Dichas limitaciones son casi siempre de orden sexual. Leímos en Gálatas 6:7 que nadie que desobedezca a Dios quedará impune, sino que recogerá lo mismo que sembró. Son palabras fuertes, pero a la vez medicina saludable. Vivimos en un mundo corrompido, lleno de tristeza, amargura, desavenencia y toda clase de males. La Biblia diagnostica que la enfermedad es el pecado, un cáncer espiritual que nos ha infectado a todos. Por tal motivo, ese cáncer debe tenerse en cuenta durante el noviazgo.

Hay jóvenes que se molestan y algunos se enojan mucho cuando sus padres, por protección y amor, les imponen ciertas restricciones en el noviazgo.

Cuando dichos límites son normales y razonables, sin duda son para nuestro bien. Querido joven, por propia experiencia te digo que hay limitaciones dictadas por Dios, la lógica y la honradez, y conviene que nos atengamos a ellas.

Un joven que conocí le dijo a su padre:

«Pero papá, ¿es que no me tienes confianza?»

«Hijo», contestó el padre, «te tengo tanta confianza como a mí mismo. ¿Cómo quieres que te deje correr el riesgo de caer en una tentación, sabiendo que si yo estuviera en tu lugar correría el mismo riesgo?»

Ese era el amor de un padre honrado que conocía la debilidad del ser humano y levantaba barreras para frenar pasiones, tal como lo deseaba Dios.

¿CUÁLES SON LOS LÍMITES?

Joven amigo, si quieres ser sabio en la elección de la persona que compartirá tu vida en matrimonio, mi consejo es que te abstengas de la impureza sexual. Hay caricias y manoseos que hacen imposible una decisión inteligente con respecto a tu pareja. Van a surgir dudas, temores y recriminaciones en el corazón del joven cristiano que permite liviandades en el terreno sexual. El muchacho y la chica que viven vidas agradables a Dios, oirán la voz en su corazón y su conciencia cuando cierto proceder no sea apropiado: «Esto no está bien; no es la voluntad de Dios».

Hay quienes tachan de anticuado el estándar divino en cuanto a pureza sexual antes del matrimonio. Sin embargo, Dios en su amor ha establecido límites para nuestra protección. Cuando el Señor nos impone restricciones, lo hace para nuestro bien. Cuando Dios dice: «No hagas esto o aquello», lo dice por amor, porque «Dios es amor».

¿Cuáles son las consecuencias de apartarse de los límites sexuales? Preguntémosle al rey David. En el Salmo 38, describe los efectos de su propio pecado, es posible que fuera el adulterio con Betsabé. David experimentó la agonía de la disciplina espiritual (vv. 1-2), el tormento físico (vv. 3-10), el aislamiento social (vv. 11-16) y la ansiedad emocional (vv. 17-22). ¡Qué precio tan alto por un momento de pasión descontrolada!

La medida divina de la pureza en las relaciones interpersonales, lejos está de ser anticuada, aun cuando vaya contra la corriente de pensamiento de nuestro mundo «civilizado». Dios exhorta:

> ¡Huyan del pecado sexual! Ningún otro pecado afecta tanto el cuerpo como éste, porque la inmoralidad sexual es un pecado contra el propio cuerpo. ¿No se dan cuenta de que su cuerpo es el templo del

> Espíritu Santo, quien vive en ustedes y les
> fue dado por Dios? Ustedes no se perte-
> necen a sí mismos, porque Dios los com-
> pró a un alto precio. Por lo tanto, honren
> a Dios con su cuerpo.
>
> **1 Corintios 6:18-20, NTV**

No permitas libertades en tu noviazgo, libertades de las que más tarde te arrepentirás. El Dios
de amor te dice «Consérvate puro» (1 Timoteo
5:22, NVI). Puro de pensamiento y de conducta.
Eso te hará feliz.

Recordemos una vez más las palabras del Señor Jesús en el Sermón del Monte:

> Dichosos los de limpio corazón, porque
> verán a Dios.
>
> **Mateo 5:8**

Desarrolla convicciones bíblicas en las relaciones con personas del sexo opuesto. Solo
entonces podrás disfrutar de la satisfacción que
proviene de una relación centrada en Cristo y
mantenida dentro de sus sabios límites de amor.

Un llamado actual

Durante largos años, mi oración al Señor ha sido: «Dios mío, ayúdame. Ayúdame para que por medio de los programas radiales, de la televisión, los libros y las cruzadas, pueda advertir a la juventud. Ayúdame a hablarles con tu poder, y hacerles ver que es posible tener un noviazgo feliz si siguen tus pisadas».

En la Biblia encontramos consejos muy prácticos para seguir las pisadas que nos han de llevar al destino dichoso esperado.

GUARDA TU CORAZÓN

Dice el sabio Salomón:

> Sobre toda cosa guardada, guarda tu corazón; porque de él mana la vida.
> **Proverbios 4:23**, rv-60

Podrá haber circunstancias difíciles, pobreza, dolor y, sin embargo, el corazón puede permanecer «guardado». No importa cuánto ruja la tormenta a nuestro alrededor, habrá paz celestial en medio del dolor y la angustia.

Quizá argumentes que necesitas muchos consejos. Pues bien, el libro de Proverbios es un excelente comienzo. Hay un pasaje que debiera estar subrayado en tu Biblia:

> Confía plenamente en el Señor; nunca confíes en ti mismo. En todo lo que hagas, pon a Dios en primer lugar, y Él te guiará, y coronará de éxito tus esfuerzos. No seas vanidoso, seguro de tu propia sabiduría. Por el contrario, confía en el Señor y reveréncialo, y apártate del mal; si así lo haces, se te renovarán la salud y la vitalidad.
>
> **Proverbios 3:5-8**

«En *todo* lo que hagas, pon a Dios en primer lugar», dice Salomón, y ese «todo» incluye también el camino del amor, el matrimonio y el hogar. Este debiera ser uno de los pasajes guías de tu vida. «Confía plenamente en el Señor» y, por encima de todo, guarda tu corazón, ya que de él mana la vida.

Mi sincero deseo es que vivas una vida feliz. También es el deseo de Dios y el propósito por el que se escribió este libro. Es mi oración a Dios que por tu fe en Jesucristo, y a través de la Biblia, descubras el secreto de la felicidad. Ese secreto comienza en el corazón.

Si confías en Dios plenamente y no te apoyas en tu propia sabiduría, Dios va a cuidarte y guiarte. Él se encargará de poner en tu camino a esa persona tan esperada. Además, el Señor también traerá bendición, riquezas espirituales y fruto en abundancia. Él puede hacer un gran milagro en tu vida... Dios es Dios.

«DAME TU CORAZÓN»

> Dame, hijo mío, tu corazón y no pierdas de vista mis caminos.
> **Proverbios 23:26**, NVI

105

Este es el llamado de Dios a la juventud. Los jóvenes que toman la decisión de responder de manera afirmativa a este llamado, dando su corazón y su vida al Señor, serán jóvenes felices. Aunque haya debilidades y tropiezos, luchas y fracasos, «siete veces podrá caer el justo, pero otras tantas se levantará» (Proverbios 24:16, NVI).

Yo entregué mi vida al Señor Jesús cuando era un adolescente, y todo lo que soy y lo que tengo se lo debo a Él. Sin Dios no soy nada y no valgo nada. Y así todo aquel que quiere comenzar la vida de noviazgo y triunfar en el matrimonio, primero tiene que darle su corazón a Dios.

Cuando un muchacho y una chica quieren formar un hogar cristiano feliz, tienen que mirar a Dios y meditar en su amor. Si no amamos a Dios, nunca podremos llegar a amar a plenitud. ¿Por qué? El apóstol Juan responde, diciendo:

> En esto consiste el amor: no en que nosotros hayamos amado a Dios, sino en que él nos amó y envió a su Hijo para que fuera ofrecido como sacrificio por el perdón de nuestros pecados.
> **1 Juan 4:10,** NVI

106

El amor se ha revelado por el amor de Dios. El ser humano sería incapaz de comprender el amor verdadero si no fuera que Dios, su Creador, lo amó primero. Ese amor se mostró en el sacrificio del Señor Jesús en la cruz del Calvario. Por eso es que la característica sobresaliente del amor es el *sacrificio*.

> Mas Dios nos demostró la inmensidad de su amor enviando a Cristo a morir por nosotros, aun cuando éramos pecadores.
> **Romanos 5:8**

El amor divino fue revelado en la muerte del Señor Jesús. La Biblia nos dice:

> Porque de tal manera amó Dios al mundo, que ha dado a su Hijo unigénito, para que todo aquel que en él cree, no se pierda, mas tenga vida eterna.
>
> **Juan 3:16, RV-60**

Tú y yo estábamos en rebeldía contra el Creador, pero Él dijo: «A pesar de que son rebeldes, los amo. Me voy a hacer hombre, voy a morir por ellos; ofreceré mi propia vida para que ellos puedan tener vida. Resucitaré de los muertos para triunfar sobre el pecado y la muerte, y entonces les podré ofrecer perdón y vida eterna».

Eso sí es verdadero amor. Por lo tanto, Cristo siempre debe ocupar el centro en el matrimonio. Él debe ser el ejemplo; la cruz, el tema continuo; y la resurrección, el poder de nuestras vidas.

Hace tiempo, estando en la ciudad de México, me llamó por teléfono un ingeniero y concertamos una entrevista. Este hombre había escuchado nuestro programa radial sobre el tema de este libro; se había dado cuenta del profundo vacío de su alma y decidió hacer algo. Nos encontramos, conversamos largamente y, al final, lo insté a leer la Biblia y a aceptar la salvación que Dios le ofrecía en Jesucristo. Así lo hizo. Hoy este hombre, un hombre importante, de buena posición, reconocido en su ciudad, es un hombre nuevo por completo. Él y su esposa tienen una nueva relación de amor. El gozo que tienen es contagioso.

La forma en que les testifica de su fe a los demás, entusiasma de verdad. Y esta misma experiencia se ha repetido millares de veces, en cientos de ciudades y pequeños pueblos, con gente de todas las edades y de todos los niveles. Y también puede ser tu experiencia personal si entregas tu vida al Señor Jesús.

Joven lector que te preguntas «*¿Con quién me casaré?*», conociendo personalmente al Señor Jesús habrás echado las bases para un futuro feliz. ¿Tienes ya ese fundamento? ¿Has puesto tu fe y confianza en el Hijo de Dios? Si aún no lo has hecho, hazlo ahora mismo.

En el hogar, más que en cualquier otro sitio, es donde el ser humano revela la realidad de su cristianismo. En el hogar se nota la presencia o ausencia de Cristo. ¿Qué revelará tu hogar y tu familia? ¿Qué ejemplo darás a tus hijos que un día también desearán casarse y alcanzar la felicidad matrimonial? Revela a Cristo en tu vida. Que los demás vean a Cristo viviendo en ti. *Esa es la clave del hogar feliz.*

Mi propia experiencia

Estábamos en pleno año académico en el instituto bíblico. Un día teníamos una pequeña fiesta en casa de uno de los muchachos. Iba caminando hacia allá, cuando me di cuenta de que algunas chicas iban en la misma dirección. «¿Van a la fiesta?», pregunté. Me contestaron que sí, y por una de esas razones desconocidas me acerqué a una de ellas, diciendo: «¿Puedo caminar contigo?». Me dijo que sí.

No fue nada del otro mundo. Ni siquiera estuvimos juntos en esa reunión social, pero comencé a interesarme en esa joven. Patricia era alegre y conversadora. Parecía madura e inteligente. Vestía bien, y hablando con ella descubrí que amaba mucho al Señor. En verdad, no sé cuál fue la primera impresión que causé en Patricia, nunca me lo quiso decir, pero comencé a buscarla en nuestras clases en el instituto bíblico.

En realidad, la ventana de mi dormitorio miraba hacia un sendero que conducía a la cafetería, de manera que todas las mañanas sin excepción esperaba hasta verla aparecer. Entonces «por casualidad», justo en ese momento, yo salía y me dirigía también a la cafetería.

Nunca me había gustado estudiar en la biblioteca porque la gente me distraía, pero cuando me enteré de que ella casi siempre hacía sus tareas allá, yo también empecé a ser un asiduo concurrente. Con un ojo miraba mi libro y con el otro ojo a ella. Yo no sabía qué me estaba pasando o, mejor dicho, no quería darme cuenta. Patricia por fin se dio cuenta de que yo estaba interesado en ella, y comenzamos a pasar tiempo juntos. Al principio, no había nada serio entre nosotros, pero yo deseaba que sí lo hubiera. Rápidamente nuestra amistad comenzó a transformarse en algo más que eso porque nuestro interés mutuo crecía cada día.

Yo tenía veintiséis años y Patricia veintitrés, de manera que ambos sabíamos lo que deseábamos para nuestra vida. Sin embargo, era preciso conocernos más y mejor.

CORTESÍA Y COMUNICACIÓN

Ahora, al volver la vista atrás, me doy cuenta de que en el proceso de toda relación hay ciertas palabras clave que corresponden a cada etapa. Y así sucedió en mi caso. Hubo dos palabras cuyo profundo significado tuve que aprender y poner en práctica desde el comienzo: cortesía y comunicación.

Cortesía. La cortesía es una señal del verdadero amor que proviene de Dios. En 1 Corintios 13:5 el apóstol Pablo dice que el amor no es egoísta ni grosero. Todo lo contrario. El que ama le da a la otra persona sin esperar recibir nada a cambio. Alguien ha dicho que los buenos hábitos constan de pequeños sacrificios. El hábito de la cortesía consta de pequeños y hasta insignificantes sacrificios que muestran interés en la otra persona. Descubre lo que le gusta a tu amiga. ¿Flores? Dale la sorpresa de un ramito de sus preferidas. Muéstrale consideración y respeto cuando pasen tiempo juntos, conociéndose.

Comunicación. Colosenses 4:6 dice que nuestro hablar debe ser lleno de gracia. En una buena amistad, nada es mejor que conversaciones positivas y edificantes. Aún recuerdo las muchas charlas que tuvimos Patricia y yo en ese tiempo en que éramos novios. A menudo las relaciones entre un muchacho y una chica se concentran en la demostración de afecto físico. Sin embargo, tal como escribió Salomón, hay tiempo de abrazar y tiempo de no abrazar (Eclesiastés 3:5). El punto de atención debiera ser aprender más acerca de los intereses del otro, la familia, los amigos, los sueños, algunas de las prioridades y el caminar con el Señor. Haz muchas preguntas y escucha. Las mejores conversaciones son las que inicias con preguntas.

CONOCIMIENTO Y CONSAGRACIÓN

En el instituto bíblico se acercaba el tiempo de las vacaciones de invierno, y por un lado estaba ansioso de que llegaran. Visitaría a amigos, pero sobre todo tendría un descanso de los estudios. No obstante, en lo profundo de mi corazón no quería esas vacaciones. Cada vez estaba más interesado en Patricia, y cuando me enteré de que ella haría un viaje durante esos días, me preocupé pensando que pudiera llamar a algún viejo novio y lo volviera a ver.

De manera que le dije a Patricia lo que sentía con respecto a ella. No fue un momento dramático ni demasiado romántico. Fue simplemente mi estilo directo y sin rodeos. Le dije que quería que supiera lo especial que era para mí, que me importaba mucho y que esperaba que pudiéramos pasar más tiempo juntos, después de las vacaciones, a fin de conocernos más y mejor.

En realidad, la extrañé muchísimo. Al finalizar las vacaciones, volvimos a los estudios, aunque debo admitir que mis calificaciones no fueron tan buenas. Patricia tuvo parte de la culpa, ya que pasaba con ella tanto tiempo como me era posible.

Dos palabras caracterizaron nuestra relación durante ese período: Conocimiento y consagración.

Conocimiento. Al tiempo que Patricia y yo conversábamos y pasábamos tiempo juntos, me convertí en un experto en ella. Comencé a descubrir no solo lo que pensaba, sino también por qué lo pensaba. Es verdad que solo se puede amar a alguien hasta el punto en que uno conoce a ese alguien. El amor a primera vista puede parecer romántico, pero una verdadera relación de amor rara vez está basada en las primeras impresiones. Debemos tener cuidado de no desarrollar una imagen idealista de la otra persona basándonos en esas impresiones, ya que tarde o temprano nos decepcionaremos. Ser sincero y franco desde el principio es vital. Crece en amor mientras profundizas tu entendimiento y apreciación de la otra persona.

Consagración. La personalidad de Patricia, su inteligencia y su aspecto atractivo, me llamaron la atención cuando la vi por primera vez, sin ninguna duda. No obstante, a medida que nos fuimos conociendo más el uno al otro, descubrí su amor por el Señor Jesús, y eso fue decisivo. Patricia era una joven que había consagrado su vida al Señor y eso se transparentaba en todo momento.

114

EL FINAL DE LA HISTORIA

Quizá en forma inconsciente en mi mente me iba haciendo las doce preguntas que mencioné antes. Además, para mi sorpresa, un día me levanté con la certeza de que estaba enamorado de Patricia y deseaba pasar el resto de mi vida sirviendo al Señor con ella. Hablé con sus padres, y confieso que a pesar de lo mucho que los quiero, esa primera vez sentí un gran dolor de estómago por los nervios que tenía. Ellos se alegraron, nos aconsejaron, y no pasó mucho tiempo antes de que nos comprometiéramos.

¿Me preguntas si fue un momento romántico cuando le pedí a Patricia que se casara conmigo? No lo sé. Yo traté de que sí lo fuera, pero en lugar de preguntarle si se quería casar conmigo, le pregunté si quería volver a la Argentina conmigo. Ella comprendió lo que le quería decir y todo lo que implicaba esa pregunta. Cuando me dijo que sí, que regresaría conmigo a la Argentina, yo también comprendí lo que su respuesta quería decir.

Nos casamos unos meses después, y cada día le doy gracias al Señor por el mayor regalo que me ha dado después de la salvación: mi amada esposa.

115

apéndice

¿Y qué si no me caso?

Dios siempre nos da las cosas en abundancia para que las disfrutemos (1 Timoteo 6:17), y la vida de soltero no es una excepción. Los solteros debieran considerar su estado como una oportunidad única otorgada por el Señor, y como tal se debiera disfrutar.

A pesar de que la soltería es un don, no tiene por qué ser para toda la vida. Aun así, mientras eres soltero tienes que apreciar y gozar de tu vida como un regalo de tu amante Padre celestial.

Lo peor que puede ocurrirle a un joven soltero es que viva día tras día esperando llegar al matrimonio, buscando con pasión y diciéndose: «Mi vida comenzará de verdad cuando me case». Mientras tanto, dicho joven puede llegar a perder diez preciosos años esperando que comience la «verdadera vida».

Sin embargo, la actitud adecuada para con la soltería es decirse: «Mi vida está aquí y ahora, por cierto, quiero vivir de manera tan plena como me sea posible».

En otras palabras, un joven soltero es una persona acabada y completa. El casamiento no es lo que completa a una persona. Solo Jesucristo puede hacernos seres completos y plenos.

¿LLAMADO A SER SOLTERO?

Es posible que tengas o no el llamado a la vida de soltero. Ambas son posibilidades válidas. Lo que no es válido es tratar de llegar a la meta (el matrimonio) a través de medios carnales o que no estén de acuerdo con los deseos de Dios. Es del todo normal que un joven soltero diga tener deseos de casarse. Eso es ser sincero. Dios comprende nuestros deseos. Por otra parte, otro joven soltero puede estar perfectamente contento con su soltería y no tener intenciones de casarse. Ambas son actitudes valederas.

La palabra *soltero* significa *solo*. Sobre la base de esa definición, *solteros* no son solo los que nunca se han casado, sino también los que se han convertido en tales a través del divorcio o por la muerte del cónyuge. Están quienes han elegido la vida de solteros, y los que no la han elegido de por sí. No obstante, Dios puede obrar en uno y otro caso porque Dios es Dios.

Cuando una persona soltera toma la situación en sus propias manos y justifica sus acciones, diciendo: «Dios no puede querer que yo me quede soltero», y comienza a buscar un compañero, entramos en terreno peligroso. Tal reacción no glorifica el nombre del Señor.

DIOS ES BUENO Y JUSTO

Cada desventaja tiene una ventaja similar o superior. Es una tontería pensar que la vida consiste solo de lo que nos falta, el compañero. Cuando Dios no nos da algo, nos dará otra cosa, y otra cosa mejor. Muy a menudo nuestras propias limitaciones hacen que olvidemos las muchas otras bendiciones que el Señor derrama en nuestras vidas.

119

«Y ahora, gloria sea a Dios», declaró el apóstol Pablo, «quien por el formidable poder que actúa en nosotros puede bendecirnos infinitamente más allá de nuestras más sentidas oraciones, deseos, pensamientos y esperanzas» (Efesios 3:20).

Los cristianos que han puesto en orden sus prioridades, el reino de Dios y su justicia en primer lugar, hallarán que esta tremenda promesa es una realidad:

> Yo abriré las ventanas de los cielos sobre ustedes y derramaré una bendición tan grande que no tendrán lugar para recibirla.
> **Malaquías 3:10**

Si Dios no te ha dado un compañero en la vida, quizá aún no sea el tiempo. Salomón afirmó que el Señor todo lo hizo hermoso en su tiempo (Eclesiastés 3:11). O tal vez el Señor tenga planeado algo mejor. El Señor merece que confíes en Él. Conocemos muy bien y, sin duda, hasta hemos citado las palabras de Pablo de que «a los que aman a Dios, todas las cosas les ayudan a bien» (Romanos 8:28, RV-60). No obstante, tenemos la tendencia a olvidar esa verdad al tiempo que tratamos de encontrar textos bíblicos más «originales» y no tan consabidos. Sin embargo, debemos creer con todo nuestro corazón en la teología de este versículo, ya que es un elemento crucial para la vida cristiana victoriosa.

LA VEREDA DE ENFRENTE SIEMPRE ES MEJOR

Los seres humanos protestamos bastante acerca de la «suerte» que nos ha tocado en la vida. Conozco a muchos solteros que creen que su situación es mucho más difícil que la de todos los demás. No obstante, si Dios llama a un joven a la vida de soltero, esto no es más difícil que cualquiera de las otras disciplinas que experimenta una persona. La vida de soltero no es más difícil que la vida de casado; solo es distinta.

No sabemos todas las respuestas, pero debemos confiar en la omnisciencia y la sabiduría eterna de Dios. Él sí tiene las respuestas y sabe lo que es mejor para nosotros. A veces, cuando estoy a punto de salir para alguno de mis largos viajes evangelísticos, pregunto: «Señor, ¿por qué tengo que viajar tanto? ¿No hay una manera más fácil de llevar a cabo el ministerio?».

La mamá con tres criaturas termina exhausta el día de manera física y aislada en lo social, y piensa con envidia en «la vereda de enfrente», en la vida al parecer más fácil de sus amigas solteras.

No malgastes tus tristezas. Toma ventaja de tu vida en este preciso momento, tal como es, y no pierdas tiempo precioso ni energía en recuerdos amargos. Si estás lleno de amargura y resentimiento, es señal de que consideras tu soltería como una maldición en vez de una bendición, y Dios no la ve de esa manera. ¿Vas a estar en desacuerdo con Él? Dios quiere que tengas una actitud positiva. No te preocupes. No te angusties. Ora. Cuéntale a Dios tus necesidades y no olvides agradecerle por sus respuestas. El resultado será la paz de Dios en tu interior, una paz «tan extraordinariamente maravillosa que la mente humana no podrá jamás entenderla» (Filipenses 4:6-7).

AUTOCOMPASIÓN

«Pobre de mí. ¿Cuál es mi problema? ¿Qué me pasa? ¿Es que no sirvo para nada?». Muchos jóvenes solteros se compadecen de sí mismos convencidos

121

de que tienen la prerrogativa de hacerlo solo porque no tienen un compañero. Sin embargo, el único problema es que se tienen lástima.

La autocompasión no es una actitud que proviene de Dios. Si has desarrollado ese hábito en tu vida de soltero, lo llevarás a tu vida de casado. El matrimonio no será el remedio. A menudo, la esposa se compadece de sí porque trabaja demasiado y la estiman muy poco. El esposo, por su parte, se compadece de sí mismo porque se siente como una máquina de hacer dinero.

No importa cuáles sean las circunstancias actuales de tu vida. Sean cuales fueren, la autocompasión no tiene cabida. El problema de la autocompasión comienza con una mirada introspectiva, en lugar de una mirada hacia las necesidades de otros. Estoy convencido de que el servicio a nuestros semejantes es la clave para la victoria cuando empezamos a sentir autocompasión. Y cuando digo servicio, me refiero a descubrir cuáles son las necesidades de mis semejantes. ¿Acaso no puedes pensar en maneras de ayudar a tus vecinos, amigos, compañeros de trabajo?

De una u otra manera, todos experimentamos lástima de nosotros mismos en nuestra vida. Sin embargo, dicha lástima no tiene un fundamento real. Siempre hay un argumento erróneo, indebido. Un hecho puede ser verídico, pero no en su totalidad, o puede estar fuera de perspectiva. La autocompasión echa raíces en cierta información sobre la que agregamos presuposiciones indebidas.

Por ejemplo, todo podría iniciarse con: «Mi esposo no me aprecia. Tengo demasiado trabajo y hago más de lo que me corresponde». Esta actitud también podría comenzar en el trabajo. «No me tratan como merezco. Es injusto. Mi situación es peor que la de otras personas». Sobre tales presuposiciones, indebidas, se empiezan a agregar otras tales como: «Todos me tratan así». Hasta que, al final, podríamos llegar a esta conclusión: «Y ni siquiera Dios me ama». Debes tomar el toro por las astas y ser sincero. Admite que como ser humano alguna vez sentirás autocompasión. ¿Cuál va a ser tu reacción? Deberás descubrir la causa y resolverla basándote en esto.

123

Será bueno que recuerdes que de seguro no es la primera vez que tienes lástima de ti mismo, y lo más probable es que no sea algo real. Pregúntate: «¿Cuánto tiempo duró la última vez?». Y, luego, di: «Sí. He sentido esto mismo en el pasado y no era verdad. Así que lo más lógico es que esta vez tampoco sea cierto». Entonces, si llegara a ser cierto, ¿qué? Para muchos la vida no es fácil, y debes recordarlo. Será el primer paso para triunfar sobre el problema.

El siguiente paso es considerar tu condición física. ¿Cómo estás de salud? ¿Estás llegando al límite de tus fuerzas? ¿Estás demasiado cansado? ¿Puedes tomar decisiones que te ayuden a vencer la autocompasión? ¿Pasas mucho tiempo a solas? Trata de pasar tiempo con otras personas. Visita a amigos. Llama a alguien por teléfono.

Hay personas que disfrutan ese estado de ánimo y continuarán teniéndose lástima toda la vida. Esa no es una actitud cristiana. Es obvio que esa no es la actitud que el Señor quiere de nosotros.

Por otra parte, es necesario indicar la diferencia entre la autocompasión, algo que podemos remediar, y la depresión genuina, una palabra demasiado usada hoy en día. La depresión es un término clínico que describe la actitud de una persona que se encuentra en un pozo tan hondo que es incapaz hasta de levantarse de la cama o funcionar con normalidad. Si en verdad estás deprimido, es preciso buscar ayuda médica. En cambio, quienes sienten autocompasión, no son en verdad víctimas de depresión ya que aún funcionan.

La autocompasión se soluciona teniendo la mira en nuestros semejantes y, en especial, mirando al Señor Jesús y teniéndole como modelo.

Tengan la misma actitud que tuvo Cristo Jesús. Aunque era Dios, no consideró que el ser igual a Dios fuera algo a lo cual aferrarse. En cambio, renunció a sus privilegios divinos; adoptó la humilde posición de un esclavo y nació como un ser humano. Cuando apareció en forma

> de hombre, se humilló a sí mismo en obe-
> diencia a Dios y murió en una cruz como
> morían los criminales. Por lo tanto, Dios
> lo elevó al lugar de máximo honor y le dio
> el nombre que está por encima de todos
> los demás.
> **Filipenses 2:5-9, NTV**

Se nos recuerda que Cristo sufrió por nosotros y nos dejó un ejemplo para que sigamos sus
pisadas (1 Pedro 2:21). Estoy convencido de que
estos pasajes pueden cambiar nuestra actitud en
forma inmediata, de manera que podamos imitar
lo que dice la Escritura y disfrutemos lo que Dios
nos ha concedido en la vida.

PRESIONES SOCIALES

A veces, la familia les causa grandes presiones a
los solteros cuando pregunta: «¿Cuándo vamos
a tener nietos? ¿Cuándo me vas a hacer abuela?
Me encantaría ser abuelo». Es normal que digan
lo que dicen, así como también es normal que
contestes: «Yo también quiero cónyuge e hijos.
Sin embargo, por otra parte, no quiero nada que
Dios mismo no traiga a mi vida».

Es lamentable que en nuestra sociedad abun-
den frases desagradables tales como «solterón»,
«solterona», «vieja solterona» (aunque no sea

vieja). La soltería es más frecuente en las mujeres que en los hombres, pero tales términos están por debajo de nuestra dignidad humana, y bajo ningún concepto debieran utilizarse. En realidad, toda la cuestión de «No entiendo cómo aún no se ha casado», está fuera por completo de perspectiva. Sin duda, esa mentalidad es resultado de la caída del hombre. Una persona puede ser soltera por elección o bien porque no elegimos nuestros propios destinos. Vivimos en las manos de Dios, dependiendo de Él y, por lo tanto, debemos concienciar al pueblo cristiano de que no sabemos todos los porqués.

En el Nuevo Testamento hallamos varios ejemplos de personas solteras que por el bien de la vocación cristiana Dios los eligió para permanecer célibes y para un ministerio más eficaz.

SOLTERÍA CONTRA CELIBATO

Esta es la primera generación en la que un gran número de mujeres, tanto en el medio cristiano como en el secular, dicen que no quieren casarse. Sin embargo, hay que hacer una advertencia. Unos años atrás mi esposa Patricia leyó un artículo que trataba sobre la soltería como una situación normal. Patricia estuvo de acuerdo con todo el escrito hasta que tropezó con una afirmación que echó por tierra el resto del artículo. Decía que uno de los hechos más cruciales en la liberación de la mujer es que hoy no tiene motivo real para casarse, ya que es libre para tener absolutamente todo en su vida, incluyendo las relaciones sexuales. Es obvio que la Biblia no comparte esta idea.

Si dices que hoy es más fácil ser soltero, ten cuidado. Desde el punto de vista secular, «más fácil» significa que se le da el visto bueno a todo tipo de proceder para una vida libertina y no debe suceder así con los cristianos. Nuestra generación debe recordar una vez tras otra que *soltería* debe ser sinónima de *celibato* y de *pureza sexual*.

Es necesario vencer sobre la presión de tener actividad sexual en la vida de soltero. Así y todo, esta presión no es más difícil de lo que decidas hacerla. Sin embargo, cada tentación se debe llevar a los pies de la cruz y dejarla en las manos del Señor Jesús. Todos los solteros tienen tentaciones que entregarle al Señor a cada momento. Tales tentaciones se deben confesar una vez tras otra al Señor con toda sinceridad.

El Rvdo. John Stott, un gran siervo de Dios y maestro de la Biblia, habla con mucha franqueza acerca de la soltería y el don del celibato, y hay que recordar que él mismo es soltero. De la manera que él ha orado, te exhorto, amigo soltero, a que ores al Señor, diciendo: «Señor, en este momento soy soltero, y esta circunstancia debe traer gloria a tu nombre. No es fácil, pero puedo tener la victoria en Cristo».

La soltería puede no ser fácil, pero ninguna disciplina lo es. Y cuanto más nos usa Dios, mayores serán las presiones que enfrentaremos. Recuerda las palabras del apóstol Pablo cuando declaró: «Con la ayuda de Cristo, que me da fortaleza y poder, puedo realizar cualquier cosa que Dios me pida realizar» (Filipenses 4:13).

Dios es un Dios soberano, aun en el aspecto de la soltería. Por esa razón, tanto casados como solteros, todo el pueblo cristiano, debemos orar para que Dios nos dé entendimiento al tratar esta cuestión en la vida diaria.

CONSEJOS PRÁCTICOS

Ya seas soltero o casado, debes buscar el reino de Dios y trabajar para el Señor con alegría. Si Dios te da un compañero, será una bendición adicional. Aun así, sea cual fuere la situación, debes seguir hacia adelante. En Génesis leemos que Dios guiaba y dirigía en el camino (Génesis 24:27, RV-60). El Señor no dirige a quien no se mueve. Si Dios desea poner en tu vida a «esa persona especial», Él lo hará. Sucederá en forma natural y no existirá el problema de metas conflictivas y dispares. Todo lo contrario. Debido a que las cosas sucedieron mientras ambos buscaban el reino de Dios, lo continuarán haciendo, con la diferencia de que de allí en adelante lo harán juntos.

> Deléitate en el SEÑOR, y él te concederá
> los deseos de tu corazón.
> **Salmo 37:4, NVI**

Día tras día debemos presentarnos ante el Señor para que Él nos guíe. De esa manera no tendremos por qué vivir en constante frustración, ya que el Señor nos concederá nuestros deseos. Una íntima amistad con Dios hará que nuestros deseos y los deseos del Señor para nosotros sean una misma cosa. Dios quiere darnos todas las cosas *juntamente con Jesús*. Ese es el secreto (Romanos 8:32).

En muchos aspectos, la soltería es sinónima de libertad, y esa libertad debemos apreciarla y disfrutarla (1 Timoteo 6:17). Debemos hablar del Señor entre nosotros con alegría, con salmos, himnos y gratitud en nuestros corazones (Efesios 5:19-20). Ser soltero y ser feliz es un don de Dios (1 Corintios 7:7).

Al ser soltero, puedes centrar tu atención en lo que deseas, sin tener que dividir tu tiempo entre cónyuge, hijos y parientes políticos. A eso se refería Pablo al decir que una mujer con hijos y marido está prácticamente absorbida en eso. De modo que deja que el Señor te use en este tiempo en particular, que te use de una manera que glorifique su nombre.

El Señor quiere que tengas un gran objetivo en tu vida. ¿Lo tienes? Búscalo. Descúbrelo. Será para tu bien, tu alegría y tu satisfacción. Debemos correr la carrera, y debemos hacerlo con paciencia y dedicación, con la mirada en lo que está por delante y esforzándonos por llegar a la meta (Filipenses 3:13-14).

Piensa en tus semejantes y dirige a ellos tu atención. Es más bienaventurado dar que recibir. Todos tenemos habilidades especiales y se nos exhorta a emplearlas ayudándonos los unos a los otros, compartiendo con otros las muchas bendiciones de Dios (1 Pedro 4:10).

En tu corazón debes hacerte el firme propósito de que no te convertirás en un maniático caprichoso y excéntrico. La excentricidad es simplemente algo bueno, pero llevado al extremo. Evita ese comportamiento. Además, ora al Señor para que te dé la gracia y el deseo de adaptarte a diversas personas y situaciones. Verás cómo cambian las cosas en tu vida.

Si te das cuenta de que has perdido el control sobre tus emociones y comienzas a sentir lástima por ti mismo, no dudes en buscar ayuda y hablar con alguien acerca de tu necesidad. Trata de recordar cuándo y cómo comenzó la autocompasión, y haz lo posible por salir de ese estado.

Debes tener amigos de todas las edades, casados y solteros. Hazte amigo de los niños. Ellos nos ayudan a mantener el equilibrio, y su amistad es como un aire refrescante. Conozco a una joven soltera que se hizo amiga de dos niñitas, y cada vez que se juntan, disfrutan muchísimo. Esta joven lleva a pasear a las niñas, les lee historias y libros, y las tres conversan y ríen a más no poder. Creo que son una mutua bendición.

Y, por último, querido amigo, recuerda que Jesús fue un hombre soltero. Piensa en la manera en que vivió Él. A menudo, estaba rodeado de gente de todos los niveles; pasaba tiempo con hombres, mujeres y niños, y tenía muy buenos amigos. Además, tenía equilibrio entre el tiempo que pasaba solo y el tiempo con los demás. Vino a la tierra con un propósito y lo cumplió:

131

> Yo te he glorificado en la tierra, y he llevado a cabo la obra que me encomendaste.
> **Juan 17:4**, NVI

El Señor Jesús fue un hombre soltero, de manera que Él comprende de verdad lo que es la soltería, te comprende y comprende lo que sientes. ¿No es reconfortante saberlo?

¿con quién me casaré?

Luis Palau

Entró en la historia moderna como uno de los contados hombres que le hablaron a más personas en el mundo.

Su mensaje lo han escuchado más de ochocientos millones de personas en ciento doce países a través de la radio y la televisión. Tiene el privilegio de haberles hablado a más de veintidós millones de personas, cara a cara, en ochenta países del mundo. Junto a un selecto grupos de colaboradores internacionales, y con el apoyo de invitaciones locales, organiza y celebra congresos, seminarios, charlas informales, conferencias y recitales-conferencia llamados «Festivales».

Luis Palau nació en un pequeño pueblo de la provincia de Buenos Aires, Argentina, en 1934. En el año 1961, se casó con Patricia, con quien tiene cuatro hijos y diez nietos. Es un hombre de personalidad cautivante, sencillo en su forma de ser, pero profundo a la hora de comunicar. Logra captar la atención en cualquier parte que va. Sus mensajes están orientados a la unidad familiar con el fin de rescatar y elevar los valores morales y éticos del cristianismo bíblico.

A través de Palau, ciudades y naciones han escuchado una clara exposición sobre temas sociales que influyen en los seres humanos. Asimismo, sus palabras brindan una alternativa que fortalece los vínculos familiares, la autoestima y el deseo de la gente por superarse y vivir una vida plena de felicidad, paz y amor.

información

Si tienes alguna pregunta referente a este libro, o deseas información adicional, favor de escribir a:

Asociación Luis Palau
Apartado 15
Ciudad de Guatemala,
Guatemala
Teléfono 1.305.670.3161
Fax. 1.305.670.0550

Correo electrónico
info@luispalau.net

Radio
radio@luispalau.net
info@palau.org

Consejos
ayuda.espiritual@luispalau.net

Páginas Web
www.institutoluispalau.com
www.luispalau.org

Luis Palau Association
PO Box 50
Portland, Oregon 97207

Teléfono: 503.614.1500
Fax: 503.614.1599

Oficinas en Estados Unidos
1500 NW 167th Place
Beaverton, OR 97006

12 preguntas

Para la decisión más importante de toda la vida

---

1 ¿La persona con la que quiero casarme es o no es un verdadero creyente en Cristo?

2 ¿Estoy orgulloso de ella, o me avergonzaría presentársela a algún personaje importante?

3 ¿Considero que es inferior a mí en algún aspecto?

¿Siento respeto por la persona de quien creo estar enamorado, o me tomo libertades al maltratarla y abusar de ella? **4**

138

5 Mientras estoy en oración, ¿siento tranquilidad al pensar en casarme?

¿Tengo plena confianza en su amor y fidelidad, o hay celos y sospechas infundadas en mi corazón? **6**

7 ¿Podemos conversar juntos durante largas horas o no tenemos nada de qué hablar?

8 ¿Estoy dispuesto a esperar el tiempo que sea necesario?

139

9 ¿Quiero ser la clase de persona que mi compañero pueda respetar, o pretendo hacer todo por la fuerza? ¿Quiero salir siempre con la mía o busco el bien y los deseos del otro?

10 ¿Es ella la joven idónea para mí? ¿Es él el joven idóneo? ¿Suplirá las deficiencias mías? ¿Supliré yo las suyas?

11

La persona con que
quiero casarme,
¿me resulta físicamente
atractiva?

¿Están de acuerdo
mis padres con nuestro
noviazgo y futuro
casamiento?

12